EUGÉNIE DE GUÉRIN

RELIQVIÆ

PUBLIÉ PAR

JULES BARBEY D'AUREVILLY

ET

G. S. TREBUTIEN

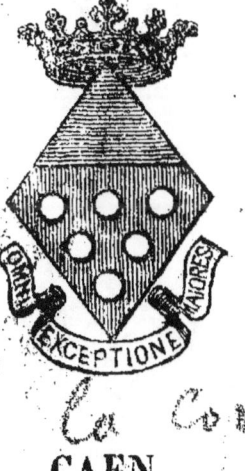

OMNI EXCEPTIONE MAJORES

Couverte la couverture

CAEN

IMPRIMERIE DE A. HARDEL

RUE FROIDE, Nº 2

M DCCC LV

RELIQVIÆ

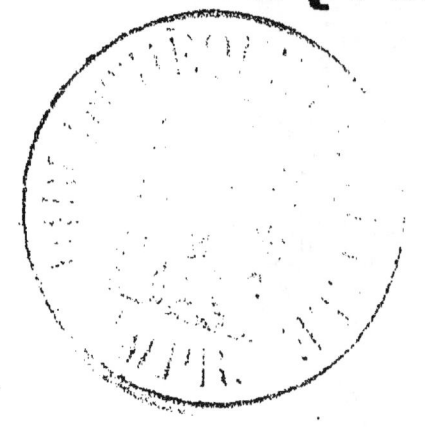

CE VOLUME

IMPRIMÉ A PETIT NOMBRE

NE SE VEND PAS

CE VOLUME

IMPRIMÉ A PETIT NOMBRE

NE SE VEND PAS

A MADEMOISELLE

MARIE DE GUÉRIN DU CAYLA,

Mademoiselle,

Ceci n'est pas un livre et Vous l'offrir n'est pas Vous le dédier. L'âme de Votre Sœur revient vers Vous dans tout le charme amer d'une peine que Vous partageâtes avec Elle, et c'est Nous qui avons le bonheur triste de Vous la ramener. Nous sommes les Chevaliers d'honneur de cette fiancée de la Souffrance, prise par la Mort, et Nous la reconduisons à cette tour et à cette terrasse du Cayla où vous

a

vivez solitaire, pensant à Elle, mais ne l'attendant pas... Voici pourtant ce qui Nous reste et ce que Vous aurez de cette âme qui fut un génie! Ce sont quelques pages ramassées par Nous, comme ces gouttes lumineuses du sang des Saints, auxquelles Dieu permet, quand ce sang a coulé pour lui, de ne plus jamais sécher sur la terre. Elles sont à Vous, Mademoiselle. Nous Vous les rapportons avec l'émotion et la piété que Nous aurions mises, — si Elle était morte loin de Vous, — à Vous rapporter son cercueil.

Recevez-le donc, ce Reliquaire de larmes. Entre votre Crucifix et L'IMITATION du Divin Maître, sur ce prie-Dieu où Vous Vous agenouillez pour la Sœur et le Frère, il y avait peut-être une place vide. Maintenant il n'y en aura plus!

G.-S. Trebutien.   J. Barbey d'Aurevilly.

Le Jour des Morts, 1855.

I.

EN 1840, la *Revue des Deux Mondes* publiait, dans un article signé d'un nom célèbre, des fragments littéraires laissés par un jeune homme né pour la gloire et mort obscur. Ce jeune homme s'appelait GEORGES-MAURICE DE GUÉRIN DU CAYLA. Les fragments dont il est question, d'une inspiration magnifique et nouvelle, avaient l'accent d'une personnalité si rare, qu'ils frappèrent également les esprits puissants et les esprits délicats. Mais comme, à toute époque, le cercle formé par ces deux genres d'intelligences n'est jamais excessivement étendu, et comme, chaque jour, il tend à se rétrécir davantage dans notre société bourgeoise, occupée de grosses choses et se complaisant dans sa propre vulgarité, l'effet de la publication, risquée par la *Revue des Deux Mondes*, n'alla pas plus loin. Les journaux, tenus alors comme aujourd'hui par des médiocrités jalouses, et livrés aux prostitutions qui rapportent, ne dirent pas un mot de l'auteur du *Centaure*, et comme ces journaux, qui déshonorent la gloire en la faisant, sont, en définitive, les seuls moyens de publicité qu'ait le talent littéraire dans une époque qui ne lit plus, eux se taisant, le nom de MAURICE DE GUÉRIN retomba naturellement dans l'oubli. Probablement il y resterait, sans deux amis qui veulent faire pour lui ce que Cléobis et Biton firent pour leur mère, — en s'attelant à sa renommée.

Ces deux amis, qui ont pris l'engagement avec les admirateurs de MAURICE DE GUÉRIN de publier prochainement tout ce qui est sorti de sa plume, ont pensé à faire précéder leur publication, du petit volume que voici et dont ils ont à cœur de bien déterminer le caractère. Tiré à quelques exemplaires pour être placé sous des yeux choisis, discret, pudique et presque mystérieux, ce petit volume n'est pas un livre dans le sens retentissant du mot. C'est moins et c'est mieux. Omar ne l'aurait pas brûlé. C'est l'expression d'un sentiment naturel qui, à force de profondeur et de beauté vraie, a rencontré, sans la chercher, la forme littéraire la plus exquise... MAURICE DE GUÉRIN avait une sœur, non pas seulement de sang, mais de génie. Cette sœur, qui lui a survécu pour mourir quelque temps après lui inconsolable de sa perte, admirait son frère de cette admiration fervente que la sensibilité de son esprit ajoutait à la sensibilité de son âme, et c'est cette admiration, tournée par la mort en angoisse, qu'elle exprima avec la variété des sentiments infinis, dans des lettres incomparables. Nous, qui avons l'intention de dire plus tard, dans un détail qui éclaire le talent par la vie, ce que fut MAURICE DE GUÉRIN, Nous avons senti, en lisant ces lettres que jamais, quoi qu'il pût arriver, il n'inspirerait désormais un pareil langage, et Nous avons voulu que ceux qui l'aimèrent pussent en juger. Ils retrouveront le génie du frère passant à travers l'âme de la sœur, et s'attendrissant au passage. Le génie de Guérin, ce grand poëte naturaliste, embrasse le monde avec ses horizons et ses paysages. Le génie de Mademoiselle de Guérin n'embrasse que son frère ; mais quelle grâce et quelle passion divine dans cette attitude éplorée qui résume toute une existence et la lie si étroitement autour d'une autre, — car elle l'avait bercé et elle l'a enseveli! Eugénie de Guérin, morte, a gardé l'attitude de toute sa vie. On la revoit telle qu'elle fut toujours, ses chastes bras suspendus au cou de son frère, dans ces lettres où elle a laissé un peu de l'immortalité de son âme avant de la porter au ciel. Notre volume d'aujourd'hui ne contiendra malheureusement que quelques feuilles de cette rose de correspondance, soufflées par le vent autour de Nous et que Nous avons ramassées ; mais Mademoiselle de Guérin n'y apparaîtra pas moins dans toute sa stature et aux yeux de ceux qui rêvent pour son frère une renommée, ainsi que l'Ange Annonciateur de sa gloire. Suave comme toutes les opales de l'Orient, au matin, et triste comme les lueurs qui meurent si vite au crépuscule, elle sera pour ceux qui la liront l'Aurore du jour de son frère : une

Aurore qui a aussi des larmes! Puissent ces larmes féconder la tombe sur laquelle elle pleure et en faire sortir cette fleur de gloire, plus rare que jamais pour les poëtes! Le Matérialisme contemporain a épaissi une terre toujours dure à percer. On connaît la fleur qui perce la neige, mais celle qui perce la boue des époques vouées à la matière est plus difficile à trouver.

II.

Pour qui croit à la forte influence de la race sur le caractère, le génie et la beauté des hommes (et Nous sommes de ceux qui ont cette faiblesse), il ne sera pas indifférent de savoir quelle fut cette famille de Guérin qui vient de finir par deux poëtes, le frère et la sœur. « Les chroniques de « notre Maison nous disent de race véni-

« tienne, » — a écrit Mademoiselle Eugénie,
avec cette plume de cygne croisé d'aigle,
que ses doigts délicats tiennent parfois
si droite et si ferme, et qui aurait écrit
l'histoire aussi bien qu'autre chose. « On
« la trouve établie en France au commen-
« cement du IX.e siècle, où un Guérin ou
« plutôt un Guarini (ce nom ainsi écrit
« jusqu'en 1553) était comte d'Auvergne.
« D'après Moréri, ce fut la souche des
« Guérin de Montaigu qui ont été long-
« temps comtes de Salisbury. Par suite
« des temps et division de branches, ces
« Guérin sont devenus seigneurs d'Ols en
« Quercy, de Rinhodes en Rouergue,
« d'Apchier dans le Gévaudan, de Laval,
« de Saignes et du Cayla dans le Langue-
« doc. La descendance et titres de noblesse
« de cette dernière branche ont été con-
« firmés par jugement souverain prononcé
« à Montpellier, par M. de Bezons, inten-

« dant de la province de Languedoc, le 26
« novembre 1668.

« De cette même origine sont sortis plu-
« sieurs hommes marquants. L'histoire cite
« un chancelier de France, sous Philippe-
« Auguste, Guérin, évêque de Senlis, qui
« releva la dignité de sa charge en faisant
« ordonner que le chancelier prendrait
« séance, parmi les pairs du royaume,
« avec les autres officiers de la couronne.
« *Vieillard d'âme fière et rude*, dit un chro-
« niqueur, *qui n'inspirait que la confiance,*
« *jamais l'amour, pas même l'amitié.* A
« Bouvines, il rangea les troupes en ba-
« taille et les anima à bien faire. »

En 1206, la famille de Guérin donna à
l'ordre de Saint-Jean de Jérusalem un
grand-maître qui se signala à la prise de
Damiette, et en 1240 un autre grand-maître
au même ordre, — puis deux cardinaux
à l'Église, dont l'un en 1450. Illustrations

religieuses et chevaleresques qui n'épui-
sèrent point, par l'action, la poésie naturelle à ces Guarini; car, sous Louis-le-
Jeune, florissait à la cour d'Adélaïde de
Toulouse, un troubadour de ce nom, sei-
gneur d'Apchier. Il précédait, à longue
distance, ce Maurice et cette Eugénie de
Guérin, qui ont jeté si mélodieusement
le dernier soupir de leur race. Alcyons
exilés qui n'avaient pas, dans leur Languedoc, pour bercer leurs chants et leurs
songes, le sein de la mer qui avait porté
leurs ancêtres, et qui semblaient avoir
gardé, dans la tristesse de leur génie, la
mélancolie des lagunes!

Mademoiselle Eugénie de Guérin, fille de
M. Joseph de Guérin, lequel, au commencement du siècle, n'avait plus, de tous ses mar-
quisats, comtés et baronnies, que le pauvre châtel du Cayla, était l'aînée de quatre
enfants dont un seul existe aujourd'hui, —

Mademoiselle MARIE, à qui appartient ce livre de triste souvenance. Eugénie de Guérin était née au mois de janvier 1805. Présentement elle aurait donc ce terrible demi-siècle qui met la dernière pierre à notre temps de jeunesse et de maturité, et la première à notre tombe. A cet âge fatal, la plupart des femmes se courbent sous les ruines qu'elles portent et n'ont plus, pour toute beauté, que le front triste des cariatides écrasées ; mais Mlle Eugénie de Guérin, si Dieu ne l'avait pas rappelée à lui, eût porté sur le sien les ruines de la vie aussi légèrement que les canéphores portaient autrefois leurs corbeilles ; car elle avait tout ce qui allége le poids des années, — la pureté du cœur, l'ingénuité de la pensée, la fleur d'imagination éternelle, et cette confiance en Dieu qui en sait encore plus long que le Génie, et qui, en regardant la terre, voit le ciel. Si l'on en croit les conteurs et les poëtes, les fées sont indifféremment vieilles et jeunes, parce qu'elles sont fées, et Mlle de Guérin, qui était de cette race merveilleuse, ne pouvait rien perdre à vieillir. Dieu qui lui avait tant donné devait lui épargner la douleur des créatures d'argile de voir leur argile se fondre et tomber autour d'elles. Il lui avait refusé cette beauté des vases et des statues que le temps peut détruire ; mais il l'avait ornée de la beauté qui ne passe point, de celle dont elle disait : « Quelle que soit la « forme, l'image de Dieu est là-dessous. « Nous avons tous une beauté divine, la « seule qu'on doive aimer, la seule qu'on « doive conserver pure et fraîche pour Dieu « qui nous aime. » Simple et profonde manière de se voir et de s'accepter qu'elle eut toute sa vie et qui aurait sauvé Mme de Staël, cette laide de génie, de ses tristesses sans grandeur!

Mlle Eugénie de Guérin avait quatorze
ans quand elle perdit sa mère, Gertrude
de Fontenilles, d'une famille du Languedoc,
fort ancienne et renommée pour la sainteté
de ses membres. Jusque-là, elle avait été
une enfant très-vive et très-bruyante ; mais
à cette époque (avril 1819), la nature pas-
sionnée et tout extérieure de l'enfant dut se
rasseoir sous le coup de cette mort d'une
mère qui la faisait mère à son tour. Rien de
développant et de perfectionnant comme les
devoirs. Si vous voulez faire jaillir et faire
monter de plus en plus les facultés ensevelies et latentes dans les âmes, compri-
mez-les sous la forte pression des devoirs,
l'homme atteindra bientôt toute sa hauteur.
Eugénie qui aimait les oiseaux, — nous ra-
contait dernièrement sa sœur, — avec cette
tendresse de la jeune fille, perçant comme
une pointe de fleur en bouton à travers les
innocentes garçonneries du premier âge,

Eugénie l'*oiselière* se trouva un nid dans les mains plus grand, plus touchant et plus désolé que ceux que lui dénichait son frère Érembert, à cœur de journée, et malgré les liens secrets et mystérieux qui l'unissaient, esprit de tant d'aile, à ces autres créatures ailées, — le plus charmant symbole de nos âmes,— ce nid sans mère qui lui échéait lui fit oublier tous les autres nids. Elle ne s'occupa plus que de sa couvée de frères et de sœur. Par une intuition de cœur devant laquelle il faut se taire, elle devina que le petit Maurice était d'une nature plus analogue à la sienne que sa sœur et son autre frère, et on la vit, tout enfant qu'elle fût, ne sachant rien d'elle-même et rien de cet autre enfant alors l'égal des plus chétifs par les cris et les larmes, se reconnaître pourtant en lui, et l'aimer comme si elle était sa jumelle. Ils étaient jumeaux en effet, et bien plus que par le sang et l'heure de la naissance. Ils l'étaient par l'essence même de l'âme et les attaches secrètes du cœur. C'était déjà pour elle ce Maurice dont elle devait dire avec cette manière de parler qui n'appartient qu'à elle et qui crée : « lui et moi, c'étaient les deux yeux d'un même front ! »

Fille de Gentilhomme pauvre qui aimait son Cayla comme un grand terrien dépossédé aime le champ qu'il a sauvé des terres paternelles, et serrait noblement autour de soi et de ses enfants le reste déchiré du manteau seigneurial dans lequel ils devaient vivre tous abrités contre les derniers malheurs qui peuvent affliger les grandes races, Eugénie de Guérin eut une de ces éducations dont la simplicité, quand on la rapproche du miracle qu'elle a produit, n'étonnera guère que les esprits superficiels. Au point de vue du temps d'aujourd'hui, vieux maniaque de connaissances et qui voudrait chasser l'ombre du monde comme une insulte à la lumière, cette éducation se réduisit à presque rien. Eugénie de Guérin, née au XIXe siècle, n'en savait guère plus long que les filles de son rang au XIe. Si elle lisait quelques livres de plus que les *moult gentes et nobles damoyselles* de sa famille à l'époque des premières croisades, c'est que l'auteur au capuchon baissé de l'*Imitation*, François de Sales et Fénelon sont venus longtemps après saint Louis. Les circonstances qui avaient renfermé son père, comme un patriarche, dans la culture de sa maigre vigne, arrêtèrent Mlle Eugénie sur la pente où la délicate originalité de son esprit se fût compromise; car des lectures nombreuses et variées en eussent certainement altéré la nuance virginale, si elles lui eussent été faciles. On tremble pour sa grâce native, quand on rapporte que, dans son enfance, elle voulut apprendre le latin sous le même maître que ses frères, et l'on n'est rassuré qu'en lisant l'humble réflexion de sa sœur. « Elle « ne faisait cela que dans des vues de « piété et pour mieux comprendre les « offices de l'Église, » écrivait dernièrement cette sœur avec l'accent du plus naïf des légendaires. A cette intelligence près d'une langue qui était pour elle la langue de la foi et de la prière, cette compatriote de Clémence Isaure eut le bonheur de vivre ignorante, — littérairement du moins, — et ne se développa que par le sentiment et la contemplation, dans la solitude. Elle écrivait à une de ses amies : « Mon éducation un peu sauvage, comme « elle se fait dans les bois, et mes goûts « retirés offrent peu d'agrément à une « femme du monde. » Et sa modestie la trompait. Le monde a toujours recherché la volupté de la surprise et des contrastes.

S'il pouvait mettre le pénétrant parfum des bois dans les flacons de ses femmes, il l'y mettrait pour le respirer et rêver mieux des bois lointains sous ses plafonds. D'ailleurs nous avons pu un jour, à Paris, goûter les saveurs de cette « éducation sauvage, » et nous affirmons que jamais nulle créature de dilection mondaine ne nous a paru aussi douce et aussi aimable que cette Fauve charmante, grandie, comme sainte Geneviève, parmi les pastours !

Et comment ne l'eût-elle pas été ? Elle fut pieuse de bonne heure, si même elle ne le fut toujours. Par le sang de sa mère, la religion coulait dans son cœur, comme la poésie y affluait par le sang de son père, le sang des troubadours et des Guarini d'Italie. Or, la poésie et la piété, quelles sources d'amabilité suprême et de charme ? Les petits séducteurs du XIXe siècle, qui se croient les aides de camp du démon, ne sa-

vent pas ce que serait en attrait irrésistible,
cette combinaison à vaincre le monde, d'un
grand poëte doublé d'un saint. Ce serait à
faire chuter toutes les Clarisses du côté du
ciel. Eh bien, Mlle de Guérin était, en femme,
ce mélange heureux, tout-puissant et si
rare ! Sa piété s'accrut avec l'âge. Les
années, ces degrés qui croulent à mesure
qu'on les monte, étaient les marches du
mystique escalier qui conduit à Dieu. Une
mission qui eut lieu à Gaillac, en 1829,
augmenta encore les ardeurs d'une foi qui
avait toujours été très-vive. A dater de
cette époque, elle mit son âme en état de
s'approcher tous les huit jours de la communion, et même plus souvent dans les
dernières années de sa vie, lorsque sa
santé ébranlée lui permettait d'aller à son
église, assez distante du Cayla. Comme on
le voit, tout ceci ne ressemble pas à la
littérature actuelle et aux mœurs des femmes

à qui la clameur des badauds octroie présentement du génie. Nous avons l'impertinence de parler d'une sainte, morte, —
comme disait le rêveur, son frère, — avec
« son auréole d'obscurité » autour de la tête.
Sans décliner l'impertinence, nous avons
trouvé original et piquant de savoir le détail,
heure par heure, des jours qu'a passés sur
la terre une fille digne d'atteindre à tous les
sommets, et voici ce que nous avons à
apprendre aux demoiselles les mieux élevées, qui vont effeuiller des camélias aux
Italiens.

« Elle se levait à six heures du matin
« lorsqu'elle n'était pas souffrante. Après
« s'être habillée, elle faisait une prière
« vocale ou mentale, et lorsqu'elle était
« dans une ville, elle ne manquait pas
« d'aller entendre la messe au premier
« autel. Au Cayla, après sa prière, elle
« passait dans la chambre de son père,

« soit pour le soigner, soit pour lui servir
« son déjeûner qu'elle accompagnait d'une
« lecture. A neuf heures, elle rentrait dans
« sa chambre et récitait les prières de la
« messe. Si son père se portait bien et
« n'avait pas besoin de son aide, elle s'oc-
« cupait soit à lire, soit à écrire, soit à tra-
« vailler, ce qu'elle aimait beaucoup (fée
« par les mains comme elle l'était par
« l'âme !); soit enfin à surveiller le ménage
« qu'elle dirigeait avec infiniment de goût
« et d'intelligence. A midi, elle retournait
« à sa chambre et récitait l'*Angélus;* puis
« venait le dîner. Quand il était fini, si le
« temps le permettait, elle faisait une pro-
« menade pour distraire son père ou quel-
« quefois une visite au hameau voisin où il
« y avait un malade à voir, ou quelque
« affligé à consoler. Si elle reprenait la
« lecture à son retour, vers les deux
« heures, elle prenait son tricot avec et

« tricotait en même temps qu'elle lisait, ne
« voulant pas même de l'ombre des heures
« oisives. A trois heures, elle revenait à sa
« chambre où d'ordinaire elle lisait la *Visite*
« *au St-Sacrement*, par saint Alphonse de
« Liguori, ou bien la vie du saint du jour.
« Ceci terminé, elle écrivait jusqu'à cinq
« heures, si son père ne l'appelait pas
« auprès de lui. » (C'est probablement à
cette heure que la fée de l'esprit, succédant
à la fée des mains, elle traça cette foule
de lettres et de pensées qui touchent à
trop d'âmes et à trop de vies pour qu'on
puisse les publier, et parmi lesquelles
nous avons scrupuleusement choisi celles
qui ne souffrent pas du demi-jour et qui
n'en font souffrir personne.) « A cinq
« heures, elle récitait le chapelet et médi-
« tait jusqu'au souper. A sept heures, elle
« causait en famille, mais ne laissait ja-
« mais l'ouvrage. Après le souper, elle

« s'en allait à la cuisine faire la prière aux
« domestiques et le catéchisme à quelque
« petit ignorant, ce qui arrivait souvent
« dans le temps des vignes. Le reste de la
« soirée s'écoulait au travail d'aiguille, et
« à dix heures elle était couchée, ayant lu
« le sujet de méditation du lendemain,
« afin de s'endormir avec cette bonne
« pensée. Enfin, il est exact d'ajouter
« que, tous les mois, elle se préparait à
« la mort et choisissait un des saints qu'elle
« affectionnait le plus pour imiter ses ver-
« tus. »

Tel est le *mémorandum* que nous avons
des jours de Mlle Eugénie. Il n'a pas été
fait par elle, mais par le seul témoin qui
reste maintenant de ses journées, et qui a
pu compter *tous les points* de cette dure
couture de bonnes œuvres, achevée devant
Dieu. Dans ce *mémorandum, heure par
heure*, nous avons parcouru le tour du

cadran. Nous avons vu descendre, un à un, dans le sablier silencieux, ces grains de poussière qui mesurent le temps et pèsent souvent plus que lui. Les âmes basses ne comprendront rien à la beauté cachée de ce récit, dont celle qui le fait et qui a les yeux attachés sur la source de la Beauté éternelle, ne se doute, certes, pas non plus! Mais les âmes élevées?... Nous nous fions à elles. Est-il besoin de nommer la sœur d'Eugénie? L'accent des Guérin est aussi reconnaissable que la devise de leur blason et dit la même chose. Dans cette famille, ceux qui n'ont pas le génie peuvent s'en passer à force d'âme... Que ce soient des gouttes de rosée, des gouttes de larmes, des gouttes du sang du cœur qui tombent de ces calices, c'est toujours la même pureté d'éther qu'on aspire dans ce qu'ils ont versé.

Ici cette pureté se retrouve et plus que

jamais condensée. Si les esprits contem-
porains n'étaient pas troublés et rompus
jusqu'à l'axe même, il suffirait, sur Eugénie de Guérin, de cette page où l'écrivain
oublie jusqu'à la langue qu'il emploie et se
sert des mots comme d'un doigt pour
montrer les choses. Mlle Marie de Guérin,
le sentiment sororial à part, est, à notre
estime, l'historienne la plus digne de cette
vie dont le calme a de quoi confondre nos
grimaçantes agitations. Pour nommer les
choses, et même les plus augustes, l'homme
a deux mots différents, qui correspondent
aux deux partis qu'en toute occasion il peut
prendre et qui attestent sa liberté. Cette
monotonie sublime dans les habitudes et
les œuvres, qui dura trente ans de facultés
vigoureuses et saines, et qui, avant la
mort, ne s'interrompit qu'une seule fois,
on pourra donc l'appeler, Nous le savons
bien, d'un nom qui la ravale. La haute

raison des *libres penseurs* ne se déformera
pas beaucoup en découvrant que ce fut la
routine d'une religion timorée, comme si
tout ce qui ne change pas, tout ce qui se
suit et ce qui dure n'était pas aussi une
routine, depuis la fidélité dans l'amour jusqu'au train du ciel étoilé au-dessus de nos
têtes, depuis la persévérance dans la volonté de l'homme jusqu'à l'Adoration per-
pétuelle des Anges devant le trône de Dieu?
Pour contre-balancer, du reste, le mépris
des forts qui Nous menace, imaginons ce
que penserait Pascal, entre les écrits d'Eugénie de Guérin et la vie qu'elle a menée,
— lui qui disait que toutes les conquêtes,
révolutions et remuements de l'histoire
viennent « de cela que certains hommes
n'ont pas su rester assis tranquillement
dans une chambre, » et qui en riait
comme il savait rire, ce formidable plaisant.
Quand, en effet, Mlle Eugénie de Guérin

commença sa vie de poésie secrète et
d'humbles vertus ensevelies, qui auraient
pu s'enterrer pour jamais dans ce cimetière
de village dont Gray peignit les tombes,
un soir, c'était le temps où l'un des hommes
qui « ont su le moins rester tranquillement
assis dans une chambre » fondait le bronze
des canons à force de les faire tonner.
Littérairement, c'était aussi l'époque des
tapages de ce Chateaubriand, qui a emporté en mourant plus de la moitié de sa
renommée. Byron allait tuer ses chevaux
sous lui comme Alfieri avait tué les siens,
pour fatiguer et forcer à dormir cette âme
immortelle qui ne voulait pas fermer l'œil
et qui lui causait le même mal qu'un glaive
faussé dans une blessure. Tous ces grands
Inquiets, dans des sphères diverses, dont
on peut dire le mot de l'historien Matthieu
en parlant du duc de Bourgogne : « Qui hé-
rita de son matelas le dut garder pour faire

dormir, puisqu'un homme de telle inquiétude avoit bien pu y sommeiller, » s'épui-
saient alors en mouvements de vanité colos-
sale que six pieds de terre ont parfaitement
calmés; mais le spectacle qu'ils offraient
à l'imagination et que le temps a diminué,
comme le feu racornit les objets qu'il n'a
pas consumés encore, vaut-il aux yeux de
Dieu et aux yeux des hommes le plus rap-
prochés de lui par la pensée, le spectacle
d'une jeune fille qui enfermait l'âme de la
Cordelia de Shakspeare sous sa modeste
gorgerette, et qui, puissante de rêverie,
descendait de la nue de ses rêves — pour
tricoter des bas à un pauvre, en lisant la
Bible ou sainte Thérèse, ou pour faire,
comme Bossuet, le catéchisme à *quelque
petit ignorant?*

Abîme de profondeur pour qui saurait y
descendre, que cette existence, retirée et
close, sous un pan de ciel bleu, — au

fond des campagnes, — dans la pratique active et sensée des vertus chrétiennes ; mais, hélas ! plus l'eau est transparente, moins on s'aperçoit de sa profondeur. On se demande à quel moment de ces heures dont voilà le compte, cette Marthe de l'Évangile était poëte, et l'on peut répondre qu'elle l'était toujours. La simple fille de la terrasse du Cayla n'était point une Corinne. Elle n'avait rien de ce faux génie inventé par une femme, qui avait gâté le sien dans les pompes du monde dont elle était folle. Elle ne sentit jamais le besoin d'avoir une société autour d'elle sur les degrés d'un Capitole ou sur le pic d'un Cap Misène, pour épancher la poésie contenue dans son sein. Coupe incessamment inclinée, elle la versait en rais invisibles et en imbibait tout comme une rosée. Cette poésie, effluve de son être entier, avait la lueur douce, également noyée et fondue de la perle; car le diamant semble avoir des interruptions d'éclat dans le scintillement de ses rayons, je ne sais quelles intermittences dans les frénésies de sa lumière ! Mlle de Guérin était une de ces imaginations avec lesquelles il est aisé de vivre. Elle n'offensait pas les gens vulgaires, ces sensitives de grossièreté, à qui la moindre distinction fait des maux affreux, et qui poussent partout, même à la campagne. Ils maniaient, avec leurs grosses mains, cette divine opale aux nuances de vapeur, aussi indifféremment que les jetons de faux ivoire de leurs tables de jeu. Quoiqu'elle ne ressemblât guère à un sphinx, cette aimable fille au long sourire, elle en avait peut-être, quand on regarde à sa vie placide et réglée, l'immobilité. Or, l'immobilité sied à toutes choses. Elle donne à la nature plus de mystère et enlève à la créature humaine cette gesticulation de marionnette, qui a toujours déparé son orgueilleux *sidera vultum*. Mlle Eugénie de Guérin n'a qu'une attitude. Sa vie, qui n'a franchi que de quelques pas le seuil de cette chambre où, trois fois par jour, elle revenait prier, rappelle, en immobilité et en calme, les derniers jours du vieux Milton, éternellement assis sur une pierre à sa porte, et n'allant de cette pierre qu'à ce petit orgue placé dans le fond de la maison et dont les sons éclairaient sa cécité. Cette jeunesse et cette vieillesse n'ont point fait beaucoup plus de pas l'une que l'autre, et, si le vieux Milton nous touche davantage, ce n'est pas que la gloire ait une magie dont nous ne puissions nous défendre; mais c'est qu'il était méconnu quand la fleur du Cayla n'était qu'ignorée, et qu'avec la supériorité du génie, il avait la supériorité du malheur.

Il avait ses filles cependant. Mais Elle

avait son frère, — ce Maurice sur l'épaule duquel elle mit la main de si bonne heure. Les filles de Milton voyaient l'orbe du génie paternel se coucher sur leurs têtes dans un horizon orageux. Mlle de Guérin vit l'étoile de celui de son frère se lever timidement à ses pieds. Elle ne lui lisait pas la Bible en hébreu, comme les filles du Poëte Anglais la lisaient à ce grand Attentif qui roulait, sous l'arcade pure et fière de son front éteint, les rêveries qui devaient plus tard devenir le *Paradis Perdu;* mais, plus âgée que Maurice de quelques années, elle apprenait à l'auteur futur de la *Bacchante* et du *Centaure* à épeler ses premiers mots dans la Bible de la nature. Si la main purement chrétienne et presque ascète de sa sœur Marie nous a cueilli quelques feuilles de ce beau lis double, la main poétique de Guérin a complété la corolle. Il nous a dit l'influence de Muse

qu'eut EUGÉNIE sur ses premières années,
leur mutuelle « éducation dans les bois, »
et ces contemplations infinies, qui ont
donné un délicieux parfum de Bucolique à
tout ce qu'ils ont jamais écrit tous les deux.
Il l'a dit dans des vers charmants de sentiment et de cadence, qui tombent parfois,
çà et là, sur une rime faible, mais trouvent
le moyen de n'y pas rester et de s'envoler.
Qu'importe, du reste! Qu'importe le pied
blessé de l'oiseau quand il a de ces mouvements d'ailes!

I.

En l'âge d'enfance,
J'aimais à m'asseoir
Pour voir
Dans le ciel immense
L'oiseau voyager
Léger.
Quand le ciel couronne

xxxîx

Les horizons bleus
  De feux,
Plus d'un soir d'automne
Aux bois m'a surpris
  Assis,
Écoutant les ailes
Qui rasaient les toits
  Des bois,
Bruissant entre elles
Comme les flots clairs
  Des mers.

II.

Et ces mélodies
Pénétraient mon cœur
  Rêveur,
Et mes rêveries
Faisaient mieux qu'un roi
  De moi !
Ma sœur Eugénie
Au front pâle et doux,
  Chez vous,
Bois pleins d'harmonie,

xl

Aux soupirs du vent
Souvent
Mêlait sa romance
Qui faisait pleuvoir
Le soir
La douce abondance
Des pleurs qu'au désert
On perd !

III.

Elle aimait mes rêves
Et j'aimais les siens
Divins ;
Et nos heures brèves
Passaient sans témoin
Au soin
De faire l'échange
De biens entre nous
Si doux.
Mille rêves d'ange,
Allaient de son sein
Au mien !
Quand la feuille grise

Sous le vent follet
Roulait :
« Vois comme la brise
« Fait de ces débris
« Des bruits ! »
Disait Eugénie,
Et toutes les fois
Qu'au bois
La feuille flétrie
Au vent qui passait
Tombait,
Elle, sans parole,
Mais levant tout droit
Son doigt,
Montrait ce symbole
Qui dans l'air muet
Tournait.

. . . .

. . . .

Premiers vers de Guérin, flûte de pâtre qui balbutie une note divine, mais où une haleine comme celle de Mozart a déjà passé !

C'est dans ces contemplations, dans ces promenades et ces repos aux bois et dans les plaines,

> Vous qui par les plaines
> Écoutez les chants
> Errants
> Des choses lointaines !

que Mlle de Guérin étreignit si bien contre elle l'âme de son frère, que cette âme et la sienne ne perdirent plus la marque de cette vive étreinte. Ni la longue absence, ni les années, ni le monde, ces trois morts sous des aspects différents, ne purent l'effacer. Le partage des impressions premières leur avait constitué un *sensorium commun* indestructible. Maurice de Guérin s'en alla dans les colléges, — puis des colléges dans ce triste monde qui est l'école de toutes les luttes et de toutes les misères; mais quand, à travers les brutales modifi-

cations que subissent les plus fermes cœurs,
il voulut se retrouver et se revoir et reprendre, pour ainsi parler, l'identité de
son être, il regarda vers le Cayla et dans
l'âme de sa sœur, — ce pur miroir toujours
suspendu à la même place comme la glace
du fond d'un tabernacle! Là, il était vraiment lui-même, il essuyait son front lassé
et pouvait encore se sourire. Androgyne de
mère et de sœur, Mlle Eugénie de Guérin,
les années venues, resta l'une et l'autre
comme à l'époque où, mignonne fillette,
elle avait la charmante majesté maternelle
de ses cinq ans de plus que le frère qu'elle
appelait son enfant. Dieu, qui avait le
dessein de l'accomplir, qui creusait, comme
le potier, avec sa main puissante et douce,
ce vase précieux où ses divines préférences
devaient reposer, ne voulut pas qu'elle fût
jamais rien de plus qu'une sœur-mère et
une vierge-mère; mais n'est-ce pas là ce

qu'il y a de plus beau dans les sentiments de la femme et les mystères de sa destinée? Si la gloire atteint Guérin un jour, — car on n'a jamais tort de douter de la justice de cette fille des hommes, — Mlle Eugénie, sa *sœur Eugénie au front pâle et doux* (comme il dit, modeste pour elle), l'emportera sur toutes les sœurs de poëte, dont les frères nous ont appris les noms et chez qui l'Épouse, la Mère, la Femme enfin, rayonnant en sentiments divers, ont diminué la sœur et comme fané la virginité de sa tendresse. La lady Augusta de Byron n'a peut-être pas entendu, dans le bruit des baisers de ses enfants, le dernier soupir de son frère. La Lucile de Chateaubriand s'est mariée. Malvina égarée, aux yeux blancs, perdus dans la nue, elle a tendu une main hagarde à la bague d'alliance... Mlle Eugénie de Guérin n'a eu ni mari ni enfant qui l'ait distraite de son frère, ou qui l'en ait consolée. La sœur de Childe-Harold et la rêveuse de Combourg n'offriraient donc pas aux moralistes futurs altérés de nobles choses, l'unité fidèle de sentiment et la sérénité dans le deuil qui font de l'Agissante et Contemplative du Cayla un visage d'une si céleste harmonie. Un jour, ce visage qui plus tard dut connaître les larmes, Maurice enfant (voir la page 108 de ce volume) faillit le briser d'un coup de fusil imprudent. Mais Dieu les préserva tous deux. Le coup parti, la fumée évanouie, le front *pâle et doux* reparut, toujours le même, aux yeux de l'enfant désespéré. Il n'était pas plus pâle et il était toujours aussi doux. De ce moment Maurice l'aima comme on aime les êtres déjà chers avec qui l'on a eu des torts involontaires, les têtes pour qui l'on a tremblé. Quant à elle, plus forte que ses nerfs, par l'affection, elle n'avait pas même sourcillé et elle aurait pris en souriant la mort de sa main comme elle aurait pris autre chose. La mort n'est pas la plus cruelle des choses que les êtres aimés puissent nous donner !

III.

Dans la correspondance qui nous reste de Mlle de Guérin, nous trouvons cette phrase qui nous frappe : « Le salut ne se- « rait-il qu'au désert ? Gardons-nous de le « croire et de mettre des bornes au ciel. » Cette bonne pensée, sous une forme grande, ne révèle pas seulement une large intelligence chrétienne, mais tout Mlle Eugénie. Poëte et dévote (Nous n'avons pas peur de ce mot et Nous ne demandons pas excuse pour ce qu'il exprime), Mlle Eugénie n'est ni une ascète de religion ni une ascète de poésie. Le riant Cayla,

xlvij

Une terrasse qui s'avance
S'y couronne de pots de fleurs
Au lieu de crénaux de défense !

le riant Cayla ne fut point pour elle un désert, et comme elle ne mettait pas de *bornes*
au ciel, elle n'en mit ni à sa vie ni à son âme.
Nature profondément sympathique, elle ne se
cloîtrait en rien, pas même dans l'immense
affection fraternelle qui n'eut jamais de ri-
vale parmi les autres affections de son cœur.
Elle écrivait à une amie (et c'est bien elle !) :
« Il est plus d'une demeure dans le cœur.
« Le mien est un rayon d'abeilles, toutes
« petites logettes pleines de miel, et le
« miel c'est vous, ce sont toutes les douces
« amies que j'ai trouvées dans mon che-
« min. » C'est elle qui écrivait encore :
« Quand vous prenez une rose, vous la
« prenez par l'épine. Eh bien, moi, je vous
« prends par la fleur ! Je me saisis de votre

« tendresse, de votre bonté, de votre
« amitié, de votre douceur, et de tout
« cela je me compose un bonheur pré-
« sent et un bonheur à venir... » Nous ne
croyons pas que jamais l'amabilité ait eu
des nuances plus délicieuses et plus fines
que cette philosophie de l'amitié *pro-
fessée* par une servante de Jésus-Christ....
L'*abêtissante* eau bénite aurait donc un
meilleur parfum que toutes les verveines
des sorcières du monde? Le monde serait
surpassé dans les *encharmements* de son
langage, et nous ne citons que ce qu'il
aime! « Mettons la croix entre nous deux
« comme un appui pour l'une et pour
« l'autre! » Ces grands traits, que Bossuet
et Corneille auraient admirés et qui sont
partout dans les pages que nous avons d'elle,
ce sont des mots *à la chrétienne*, des mots
pour Nous! Nous n'avons pas à les dire au
monde : cela ne le regarde pas!

Ainsi elle avait des amies, cette solitaire, des relations, des connaissances avec qui elle vivait, toute supérieure qu'elle fût, dans un charmant plain-pied de cœur. C'étaient les jeunes filles des châteaux voisins, presque toutes ses cousines à quelque degré. Elle allait les voir. Elle quittait parfois sa terrasse et sa tourelle du Cayla, et s'enfermait une huitaine à ce Rayssac, par exemple, qu'elle nous a peint en trois coups, à la *manière noire* de son frère : « Rayssac, montagnes aux croupes de « chameau, au front hérissé de forêts et « de rochers, nature agreste et sauvage! » Elle avait même ailleurs que dans son voisinage des amies épistolaires, qui devinrent plus tard des amies complètes, et c'est ici que nous touchons au grand événement et au seul bonheur très-vif de cette existence que Dieu s'était, à ce qu'il semblait, particulièrement réservée : nous voulons dire au voyage à Paris de la bergère du Cayla et au mariage de son frère.

Depuis qu'il était sorti du collége et qu'il était entré dans le monde, Georges-Maurice de Guérin avait été toujours errant, tantôt chez M. de La Mennais, en Bretagne, où il vit le Lucifer du Sacerdoce pencher longtemps sa tête d'astre sur le gouffre au fond duquel il allait se précipiter; tantôt à Paris, ici ou là, obligé aux luttes familières à tous les membres de cette pauvre Société déclassée, et sauvant de ces luttes qui auraient dû l'écraser, le talent le plus fait pour le repos, la contemplation, la position horizontale, et ce que les gens qui suent aux mécaniques de ce temps appelleraient peut-être l'oisiveté. Nous n'avons pas aujourd'hui à écrire la vie de Guérin, malheureux comme tout ce qui vaut quelque chose. « Quand les hommes de génie, a dit un poëte allemand contemporain, ne souffrent pas pour l'humanité, ils souffrent pour leur propre grandeur, pour leur horreur du vulgaire et leur grande manière d'être. » Il était donc tout simple que Guérin souffrît. Un mariage qui eût été pour lui, si la mort n'en avait presque troublé la fête, la meilleure occasion de cultiver en paix son génie, paya, en une fois, ses longues souffrances et lui permit de revoir sa sœur.

Il la revit en 1838, et ce fut pour deux êtres si profondément analogues, une immense félicité. Toutefois, le bonheur fut plus grand pour Maurice que pour Eugénie, et on va le comprendre. Dans cette coupe de délices où ils burent tous les deux, dans ce verre à champagne du festin des noces, à travers lequel elle revoyait son frère, elle discerna bien vite la goutte d'absinthe dont Dieu frotte les lèvres de ses Élus, pour qu'ils soient ici-bas plus robustes à la vertu et à la peine. Maurice de Guérin se mariait atteint déjà de la maladie dont il mourut peu de temps après... Il en ressentait les premières souffrances, les premières illusions et ces premiers symptômes, qui rendaient plus touchant le genre de beauté qu'il avait; car, pour les têtes d'imagination, il avait la beauté qu'on pourrait attribuer au dernier des Abencerrages. Or, ce que les autres ne voyaient pas dans les joies et les entraînements de ce jour, elle le vit, elle, de ces yeux tristement prophètes qui voient tout quand on aime! Elle cacha la tache de sa joie; mais cette pêche était attaquée. Ses pressentiments la visitèrent même sous des formes étranges et terribles. Dans les lettres que nous publions aujourd'hui, elle parle de l'effrayante vision des *cercueils tout autour du salon*, pendant que nous dansions avec elle et dont elle garda le secret enfermé sous son sourire languide et sous sa pâleur.

Sans cette intuition de l'état de son frère,

le monde de Paris, qu'elle observait pour la première fois, eût été pour elle d'un intérêt prodigieux ; car son esprit, plein d'alacrité, se prenait à tout. Si, comme elle l'avait dit, son cœur était le *rayon de miel aux petites logettes*, son esprit en était l'abeille. Tirée de sa campagne, amenée en parure, comme une Princesse des Contes de Fées, sous l'éclat intimidant des lustres, elle y vint sans embarras, sans disgrâce, avec un aplomb chaste et patricien qui disait bien, malgré les torts de la fortune, pour quel rôle social elle était faite. Sans l'avoir jamais vu, elle était *faubourg St-Germain.* Byron raconte, en ses Mémoires, qu'il fut témoin de l'*introduction*, dans les salons de Londres, de miss Edgeworth, et qu'elle ressemblait à l'idée qu'on peut se faire de Jeannie Deans. Mais la *campagnarde* du Cayla descendait des plus belles porteuses de faucon, qui traversent, gantées

d

de daim, corselées d'hermine et robe traî-
nante, les chroniques du moyen-âge. Les
manants avaient tué le faucon, les révolutions emporté les armoiries. Une époque
sordide méprisait le bouquet de roses de
la dot, qui avait séché dans des mains
résignées, — dans des mains vouées, pour
toute occupation désormais, à tourner le
fil de la quenouille ou les grains du chapelet..... N'importe ! Si, comme l'a dit un
hardi penseur, « tout homme est l'addition
de sa race, » elle était l'addition de la
sienne, et le malheur, l'isolement dans la
vie, l'acceptation de toutes les croix qui
sont toutes les vertus, le ciel enfin, descendu dans le cœur de la femme, n'avait
pu effacer l'aristocratie puisée dans le sein
de la mère et les traditions du berceau !

Voilà ce que nous admirâmes ! Voilà ce
qui, dès le premier moment, imposa au
monde, qui s'étonna plus d'elle qu'elle ne

fut étonnée de lui. Si j'osais, en parlant d'une pareille fille, me servir d'un mot abaissé par ce qu'il y a de théâtral dans nos mœurs, je dirais que son succès fut grand dans les quelques salons où elle alla. Les femmes chuchottaient de son génie d'expression et de sentiment révélé par ses lettres; mais on n'eut pas pour elle les importunités curieuses qu'on prend parfois si grossièrement pour des hommages. On ne la trouva pas *amusante* ou *intéressante*, comme dit le monde, quand il applaudit de sa main familière et maladroite sur des joues fières. On la respecta. Le monde la traita en femme du monde : c'est ce qu'il respecte le plus. Elle savait qu'elle ne l'était pas. Elle savait qu'il y avait *un dessous* dans le langage du monde qui lui échappait, et elle l'a dit avec son accent dans ses lettres; mais, en la voyant, quel observateur l'aurait deviné? Excepté de temps en temps,

un regard charmant d'hirondelle, heurtant
la tapisserie et cherchant son vieux mur du
Cayla à chèvrefeuilles et à pariétaires,
qui eût révélé dans cette fille calme autre
chose qu'une femme du monde, capable de
lui plaire, et, si elle avait voulu s'en donner
la peine, de le dominer?

Mais elle avait une bien autre destinée.
L'hirondelle revint au vieux mur. Elle y
avait laissé son père et elle eut bientôt à y
ramener son frère mourant. Maurice de
Guérin mourut vîte. Il mourut comme on
meurt quand on est heureux. La maladie fit
des progrès rapides. Les médecins, qui par-
lent de la puissance du soleil quand ils ne
croient plus à la leur, l'envoyèrent ré-
chauffer ses derniers frissons dans le Languedoc et mourir où il était né. Toucher à
cette période suprême de la vie de Guérin
et de son agonie ne Nous appartient pas
Elle y a touché, elle, et *cela* est *ici*. Y

ajouter un mot Nous semblerait une profanation. Quoique Nous ayons aimé Guérin autant qu'âme d'homme puisse aimer âme d'homme, Nous ne sommes pas dignes de mêler nos larmes à celles de cette Sœur-Mère, qui doit rester vierge jusque dans ses pleurs!

IV.

Encore quelques mots et nous terminerons cette notice. Aussi bien, à dater de la mort de son frère, Mlle Eugénie n'est plus. « Est-ce que nous ne sommes pas déjà « morts, — disait Mme Rachel Varhagen, — « avec les misérables lacunes de notre vie, « ses imperfections et ses fragments épar-« pillés? » Hélas! c'est encore bien plus vrai quand, au lieu des éparpillements de la vie, il y a l'absorption dans une tombe... Telle fut la mort de Mlle de Guérin avant de mourir. Elle ne fut plus que le fantôme d'elle-même autour de la tombe de son frère. Seulement son génie d'expression sembla hériter et doubler de cette vie que la douleur tarissait en elle. « Quand le ciel tom-« berait, écrivait Eugénie, il n'ajouterait « rien à mon accablement. » Sans la foi qui lui fit soutenir sa croix, à deux bras, sur son cœur brisé, elle aurait, comme tant d'autres, qui ont l'air de vivre et qui sont finis, été *finie* à la source des palpitations et dans les racines mêmes de son être. Hélas ! sa croix, elle la soutint presque dix ans. Pendant ce trajet d'existence, elle consacra à la vieillesse de son père une énergie de dévouement et de tendresse qu'elle n'avait *plus* à partager avec un *autre* que lui. Force ou faiblesse ! la seule chose qui pût la distraire d'une douleur qu'elle portait au pied de l'autel et qu'elle en rapportait toujours, la seule voix qui ne fût pas celle de Dieu et qui pût faire remonter son âme du fond de cette tombe placée dans le cimetière de St-Médard d'Andillac, et regarder du côté du monde une fois encore, c'était l'idée de la gloire de son frère, mort sans renommée. Elle en voulut provoquer l'écho, prête, s'il s'éveillait, à l'adorer, comme Pythagore adorait le sien. Quelques-unes des lettres que nous imprimons aujourd'hui ont été écrites sous l'empire de cette ardente et dernière préoccupation. Des circonstances inutiles à rappeler et dont Nous parlerons d'ailleurs dans notre introduction aux *œuvres complètes* de Maurice de Guérin, suspendirent et semblèrent définitivement empêcher la réalisation d'un projet arrêté maintenant et d'une exécution prochaine. Dieu lui ôta donc sa suprême espérance, et ce fut, dans l'ordre des douleurs de cette âme, quelque chose de pareil à la séparation, avec le couteau, du fil de chair saignante qui retient au tronc la tête coupée par la hache. Le fruit était mûr. Il était cueilli. Le doigt de Dieu, en s'y posant, le fit choir dans l'éternité. Semblable, par la marque divine, au Maurice qu'elle avait tant aimé, elle lui fut semblable encore par la maladie. Elle eut la même manière de souffrir et de s'éteindre. Son agonie dura deux ans.

« Je crois bien qu'elle vit venir la mort, « — a écrit Mlle Marie, — mais elle n'en « parlait pas : elle aurait craint de nous « faire mal. Cependant, un jour, il lui « échappa de me dire : *Vous ne m'aurez pas* « *longtemps avec vous!* » La servante de Jésus-Christ s'embaumait de la douceur et de la pitié de son Maître, quand il adressait presque le même adieu voilé et tendre à ceux qui l'avaient suivi sur la terre. Le caractère de Mlle de Guérin n'éprouva aucun changement de la maladie. Ce qui est si pur n'est-il pas à l'épreuve de tout? Un jour, après avoir reçu le saint Viatique, elle dit à sa sœur : « Prends cette clef et brûle tous les papiers que tu trouveras. » *Tout n'est que vanité!* ajouta-t-elle. Sans doute, elle pensait à la gloire de son frère, et elle l'avait sacrifiée!

Oui! elle avait raison : tout est vanité, même la gloire; mais puisque nous vivons deux jours ici-bas, et que, sur ces deux jours, il en est un où nous aimâmes, nous voulons, dans une tendre folie, embrasser de cette étreinte qui ne peut durer, les belles choses périssables sorties des esprits immortels qui furent nos amis et qui ne sont plus! Nous voulons que ce qui a passé par leur âme passe par la nôtre et par toutes celles qui leur ressemblent. Dût la chaîne électrique un jour être brisée, nous voulons en sentir autour de nous frémir et vibrer les anneaux! Tel est le sens de cette publication d'aujourd'hui et de cette autre plus considérable, plus *littéraire*, que nous préparons des œuvres de notre Guérin. Des amis dignes de son amitié par l'âme et par l'esprit, MM. Paul Quemper et François du Breil de Marzan, nous ont prêté leur aide et leur concours dévoué pour ce pieux travail dont ils veulent partager avec nous la peine et l'honneur. Trebutien, l'homme des reliques et des pèlerinages ; Trebutien, avec lequel celui qui écrit ces lignes est trop un ici et partout, pour pouvoir en dire le dévouement et l'intelligence, est allé, dans l'intérêt du livre en question, visiter, l'été dernier, le Val de l'Arguenon, en Bretagne, d'où Maurice, devenu paysagiste splendide, a daté ses plus belles inspirations. Avec ces soins et ces efforts, parviendrons-nous à sauver cette chère mémoire ?... Il en sera ce que Dieu voudra, mais nous essaierons !

M. Joseph de Guérin mourut le 16 décembre 1848, six mois après sa fille,
Mlle Eugénie. Il ne put supporter le second
coup frappé dans une paternité si longtemps
heureuse. Le seul éloge qu'on ait à faire
d'un tel père, ce sont ses enfants; car, a dit
M. Blanc Saint-Bonnet, dans un livre presque
en tout sublime (1), « les parents ont tou-
« jours des enfants qui ressemblent au fond
« de leur cœur. » Deux ans après M. de
Guérin, mourut Érembert, ne laissant, de
quatre enfants, qu'une fille, présentement
âgée de dix ans, seul rejeton qui reste de
cette magnifique race vénitienne, si glorieu-
sement acclimatée dans l'histoire de France
depuis tant de siècles! Que deviendra cette
enfant? Le temps actuel est mauvais pour
toutes les noblesses. Se rencontrera-t-il dans
la génération qui va nous suivre un homme

(1) *De la Restauration Française.*

assez haut de cœur pour lui offrir un jour,
avec sa main, la seule chose qui ait
manqué à ses derniers parents, — la fortune? Ou bien, comme ses admirables
tantes, sera-t-elle obligée de vivre sous
l'abri de son blason, portant droite à son
front virginal sa couronne fermée et regardant tranquillement passer à ses pieds les
misères du XIXe siècle? Nul ne sait rien
et ne pourrait prévoir ce qui arrivera de
cette jeune destinée. Mais, quoi quelle
soit, rappelons-nous le mot le plus consolant dans sa profondeur qui ait été jamais
écrit sur le sort des races : « La sainteté
« couronne et porte au ciel les familles
« dont tous les rameaux ont donné leurs
« fruits sur la terre. »

JULES BARBEY D'AUREVILLY.

Vous m'êtes témoin, Sei-
gneur, que je ne trouve nulle
part de consolation, de repos
en nulle créature.

L'Imitation.

A

[Ce Mémorandum qui, dans l'ordre de publication, doit précéder celui d'après la mort, a été retrouvé pendant l'impression de ce dernier. C'est pourquoi il porte une pagination séparée.]

10 avril [1839], à Nevers.

Huit jours, huit mois, huit ans, huit siècles, je ne sais quoi de long, de sans fin dans l'ennui depuis que je t'ai quitté, mon ami, mon pauvre malade! Est-il bien, est-il mieux, est-il mal? Questions de toujours et de toujours sans réponse. Ignorance pénible, difficile à porter, ignorance du cœur, la seule qui fait souffrir ou qui fait souffrir davantage. Il fait beau, on sent partout le soleil et un air de fleurs qui te feront du bien. Le printemps, la chaleur vont te guérir mieux que tous les remèdes. Je te dis ceci en espérance, seule dans une chambre d'ermite, avec chaise, croix et petite table sous petite fenêtre où j'écris. De temps en temps, je vois le ciel et entends les cloches et quelques passants des rues de Nevers, la triste. Est-ce Paris qui me gâte, me rapetisse, m'assombrit tout? Jamais ville plus déserte, plus noire, plus ennuyeuse malgré *les charmes qui l'habitent*, Marie et son aimable famille. Il n'est point de charme contre certaine influence. O l'ennui, la plus maligne, la plus tenace, la plus emmaisonnée, qui rentre par une porte quand on l'a chassée par l'autre, qui donne tant d'exercice pour ne pas la laisser maîtresse du logis. J'ai de tout essayé, jusqu'à tirer ma quenouille du fond de son étui où je l'avais depuis mon départ du Cayla. Cela m'a rappelé l'histoire de ce berger qui, parvenu à la cour, y conservait le coffre où était sa houlette, et l'ouvrait quelquefois pour trouver du plaisir. J'ai aussi trouvé du plaisir à revoir ma quenouille et à filer un peu. Mais je filais tant d'autres choses! Voyage enfin aux îles Pelew, ouvrage aussi intéressant que des étoupes. Je n'en ai pu rien tirer en contre-ennui. Qu'il demeure, cet inexorable ennui, ce *fond de la vie humaine*. Supporter et se supporter, c'est la plus sage des choses.

Une lettre, enfin ! Une lettre où tu es mieux ,
une lettre de ton ami qui t'a vu, qui t'a parlé ,
qui t'a trouvé presque en gaîté. O res mirabilis !
de la gaîté ! pourvu que ce ne soit pas factice,
que tu ne veuilles pas nous tromper ! Les malades
jouent de ces tours quelquefois. Pourquoi ne pas
croire aussi ? Le doute ne vaut rien pour rien.
Ce qui me fait tant estimer ton ami, c'est que je
n'en doute pas, que je le crois immuable en
amitié et en parole, un homme de vérité. Ce qui
me fait aimer et vouloir ses lettres encore , c'est
qu'il est le plus près de toi par l'intelligence et
le cœur, et que je te vois en lui.

14.

Lettre de toi, de notre ami, le général, l'aimable et gracieux visiteur, qui m'écrit ses regrets
d'être venu trop tard me faire ses adieux. J'étais
partie l'instant d'avant. J'avais perdu de le voir,
hélas ! et tant d'autres choses. Ce départ, cette
séparation si imprévue, si douloureuse par tant

d'endroits, me fait comme un martyre au cœur, à l'esprit, aux yeux qui se tournent toujours vers Paris. Mais ta lettre m'a fait du bien ; c'est toi que j'entends encore, c'est de toi que j'entends que tu dors un peu, que l'appétit va se réveillant, que ta gorge s'adoucit. Oh! Dieu veuille que tout soit vrai. Combien je demande, désire et prie pour cette chère santé, tant de l'âme que du corps ! Je ne sais si ce sont de bonnes prières, que celles qu'on fait avec tant d'affection humaine, tant de vouloir sur le vouloir de Dieu. Je veux que mon frère guérisse ; c'est là mon fond, mais un fond de confiance et de foi et de résignation, ce me semble. La prière est un désir soumis. *Donnez-nous notre pain, délivrez-nous du mal, que votre volonté soit faite.* Le Sauveur, au jardin des Olives, ne fit que cela, ne pas vouloir et accepter. Dans cette acceptation, dans cette libre union de la volonté humaine à la volonté divine est l'acte le plus sublime d'une pauvre créature, le complément de la foi, la plus intime participation à la grâce qui coule ainsi de Dieu à l'homme et opère des prodiges. De là les miracles de guérison, qui font partie de la puissance des saints qui ne font qu'un avec Dieu, *consommés dans l'unité*, comme dit saint Paul. Voilà pourquoi Marie, croyante et aimante, fait faire pour toi une neuvaine à Nevers. Elle a chargé son père de ce soin, son père, le saint qui doit s'unir à nous, sœur et amie. Touchante marque d'intérêt et de faire trouver une âme d'homme parmi des femmes affligées. J'admire comme cette famille est intelligemment chrétienne, et le bien qui en résulte. Que la société serait belle, si elle se composait de ce que je vois ici, intelligence et bonté.

Aux Coques.

Désert, calme, solitude, vie de mon goût qui recommence. Nevers m'ennuyait avec son petit monde, ses petites femmes, ses grands dîners, toilettes, visites et autres ennuis sans compensation. Après Paris où plaisir et peine au moins se rencontrent, terre et ciel, le reste est vide. La campagne, rien que la campagne ne peut me convenir.

Notre caravane est partie de Nevers lundi à midi, l'heure où il fait bon marcher au soleil d'avril, le plus doux, le plus resplendissant. Je regardais avec charme la verdure des blés, les arbres qui bourgeonnent, le long des fossés qui se tapissent d'herbes et de fleurettes comme ceux du Cayla. Puis des violettes dans un tertre, et une alouette qui chantait en montant et s'en allant comme le musicien de la troupe.

18.

Dans ma chambre de cet hiver, d'où je vois ciel et eau, la Loire, la blanche et longue Loire qui nous horizonne. Cela plaît mieux à voir que les toits de Nevers. Mon goût des champs se trouve à l'aise ici dans l'immensité : plaisir des yeux seulement. Je ne sors pas, et c'est l'imagination qui fait l'oiseau et s'envole de tous côtés. Je parcours le Bourbonnais, le Berry ; je m'arrête

avec charme aux montagnes d'Auvergne, si nei-
geuses au sommet, si fraîches, si fleuries, si
vertes et abondantes dans leurs pentes. Je cherche
Montaigu, d'où nous sommes venus, d'où tant
de chevaliers sont partis pour les combats de
Terre Sainte et autres lieux ; d'où l'évêque de
Senlis s'en alla ordonner Bovines (l'ordonnance
de la bataille fut due à Guérin, évêque de Senlis,
dit je ne sais quel narrateur de l'époque). Je
parcours les domaines et terres des seigneurs
nos aïeux. Comme alors, j'y vois des bergeries
de vaches et [de] moutons, j'y vois couler les ruisseaux qui coulaient, verdoyer les bois qui ver-
doyaient, chanter les oiseaux qui chantaient : j'y
vois tout ce qui s'y voyait, hormis les maîtres,
pauvres diables tirant au Cayla le diable par la
queue. On a vu des rois maîtres d'école. Les
revers sont de toute date, de toute famille, et
ces malheurs de fortune ne sont pas les plus pe-
sants quand on sait les porter.

Le soir.

Un malaise, un sans appétit qui m'ôte envie de dîner, me vaut le plaisir de me tenir ici pendant qu'on dîne, plaisir de solitude avec Dieu, mes livres et toi. Fait mes prières et placé dans mon secrétaire une jolie petite valise que m'a donnée Valentine, aimante et donnante comme sa mère. Cette enfant tient beaucoup d'elle pour le caractère, l'esprit, et je crains pour la santé, et je crains pour le cœur, ces deux choses trop tendres de Marie. Cette cassette me fera toujours plaisir par le souvenir du temps, du lieu, de tant de choses, et par le titre de cadeau d'enfant. Tout ce que touche ou donne leur petite main a tant de charme !

Mon esprit s'est tourné vers toi tout le jour. J'ai butiné roses, pavots et soucis dans ton enclos indien ; j'ai suivi riantes et tristes pensées, mon bien-aimé malade. Oh ! la distance, les distances ! Que je souffre de me voir si loin de toi, disait un ami à un ami qu'il avait au ciel. Et moi qui te sais dans ton lit malade.....

19.

Fini une lecture que je croyais plus intéressante, un roman pris sur son titre : La Chambre des Poisons, qui m'annonçait la Brinvilliers, Louis-Quatorze et son siècle. Au lieu de cela, sorcière, crapauds privés, d'horribles choses dans de petits lieux, parmi des princes et princesses. Louis-le-Grand rapetissé, petit vieillard sous la main d'une vieille femme, et puis les Jésuites et autres choses mal avisées. Le duc d'Orléans, le cardinal Dubois, personnages saillants de l'époque, qui devaient ressortir le plus dans le tableau, dont on esquisse à peine le bout du nez. Les poisons ne me plaisent pas. Passons à la Physiologie des Passions, du docteur Alibert.

Pas de Physiologie, pas de clef à la bibliothèque ; nous l'avons cherchée partout comme la

clef d'or. Et, en vérité, c'est bien de l'or pour moi
qu'un livre, une chose de prix dans notre désert
et besoin d'âme. Inconcevables que nous sommes!
rien ne peut donc nous contenter! Vivre avec
Marie, à la campagne, être avec elle, me semblait un bonheur fini, et j'ai besoin d'autre
chose, Marie, ce livre oriental aux feuilles de
roses, écrit de perles, me laisse sans plaisir.
On trouve au fond de tout le vide et le néant.
Que de fois j'entends ce mot de Bossuet! Et
celui-ci plus difficile : Mettez vos joies plus haut
que les créatures. C'est toujours là qu'on les
pose, pauvres oiseaux sur des branches cassées
ou si pliantes qu'elles portent jusqu'à terre.

Oh! qu'est-ce que la vie? Exil, ennui, souffrance,
    Un holocauste à l'espérance,
Un long acte de foi chaque jour répété!
Tandis que l'insensé buvait à plein calice,
Tu versais à tes pieds ta coupe en sacrifice,
Et tu disais : J'ai soif, mais d'immortalité!

Promenade avec Marie dans le jardin, autour
du petit bois. Lu le journal en rentrant, dansé

avec Valentine, chanté *Ay rencountrat ma mio dilus*, que Marie accompagnait au piano. Journée finie, bon soir à tout, *adiou à tu*.

20.

Pas de lecture, donc écriture, quelque chose qui fixe, captive, occupe. Je n'ai pas assez du travail des mains, mes doigts ne sont pas ces fées habiles qui enchantent certaines femmes, de broderies, dentelles et découpures, ces dix fées logées sous dix feuilles de rose, comme disait quelqu'un à de jolis doigts aux ongles vermeils. Je n'ai ni rose, ni rien dans mes mains, qu'un *bas* qui m'échappe. Marie fait de la musique dans le salon sous mes pieds, et je sens quelque chose qui lui répond dans ma tête. *Oh! oui, j'ai quelque chose là.* Que faut-il faire? Mon Dieu! Un tout petit ouvrage où j'encadrerais mes pensées, mes points de vue, mes sentiments sur un objet, nous servirait peut-être. J'y jeterais ma vie, le trop plein de mon âme, qui s'en irait de ce côté. Si tu étais là, je te consulterais, tu me dirais si je dois faire et ce qu'il faudrait faire. Ensuite nous vendrions cela, et j'aurais de l'argent pour te revenir voir à Paris. *Oh! voilà qui me tente encor plus que la gloire.* La gloire ne serait pour rien, je te jure, et mon nom resterait en blanc. Nous réussirions peut-être. J'ai pour appui de ma confiance M. Andryane, M. Xavier de Maistre, qui ont dit des choses à faire partir ma plume de joie comme une flèche. Mais où viser? Un but, un but! Vienne cela, et je serai tranquille, et je me reposerai là-dedans.

L'oiseau qui cherche sa branche, l'abeille qui cherche sa fleur, le fleuve qui cherche sa mer, volent, courent jusqu'au repos. Ainsi mon âme, ainsi mon intelligence, mon Dieu, jusqu'à ce qu'elle ait trouvé sa fleur, sa branche, son embouchure. Tout cela est au ciel, et dans un ordre infiniment parfait; au ciel, lieu de l'intelligence, seront comblés les besoins intellectuels. Oh! je le crois, je l'espère. Sans cela, je ne comprendrais pas l'existence; car, en ce monde, ombre de l'autre, on ne voit que l'ombre de la félicité.

21.

Dimanche, partie pour la messe avec l'espoir d'une lettre au retour. Le retour et pas de lettre ! et tout m'est lettre d'ici à Paris. Je vis entre deux feuilles de papier. Hors de là, rien ne m'intéresse aujourd'hui. Le soleil que j'aime, le rossignol que j'ai entendu pour la première fois ce printemps, ni ce monsieur de Chouland qui m'avait paru si aimable cet hiver, qui est venu, qui est bien le même, ne m'ont fait plaisir : il y a des moments où l'âme est morte civilement, ne prenant part à rien de ce qui se fait autour d'elle. Que Dieu me soutienne dans ma lutte d'abattement ! Du courage, du courage ! Trente fois par jour je le dis, et le faire je ne sais.

22, au lever.

Que viendra-t-il sous cette date ? Je la marque seulement, en attendant facteur, peine ou plaisir, sombre ou soleil, ce qui fait un jour.

Au soir.

Pas de lettre ! pensée qui me suit au lit avec tant d'autres toutes tristes. *Ne rien savoir,* cela se grave au cœur avec une lame. Que fais-tu, mon pauvre Maurice ? Dix-sept jours de silence, et tu n'étais qu'un peu mieux, et le mal revient et il va vite ! Que je suis aise de voir que sainte Thérèse, dont je lis l'Esprit dans mon lit, avait un frère qu'elle aimait beaucoup, auquel elle écrivait longuement et tendrement, lui parlant de toutes sortes de choses, d'elle et de lui. Mélange de vie, de sentiments, d'idées qui font voir que les cœurs des saints ressemblent aux nôtres, et que de plus Dieu les dirige. Me voilà loin du couvent d'Avila, et d'Espagne à Paris , et de Thérèse à une autre femme, et par l'effet d'un mot, rien que d'un mot, d'un *obligez-moi* que j'ai rencontré dans ces lettres et qui m'a fait penser à celui que j'ai entendu si souvent dans la maison indienne. Je l'entends ce désobligeant obligez-moi, et tout un ordre d'idées, de souvenirs, de regrets , de craintes le suivent. Oh! puissance d'un mot , d'un son qui change tout à coup notre âme. Ainsi d'une vue, d'une odeur. Je ne puis sentir l'eau de Cologne sans penser à la mort de ma mère, parce qu'au moment où elle expirait, on en répandait sur son lit, tout près du mien. On me réveilla dans cette odeur et dans cette agonie.

23.

Oh! si j'étais plus près, je saurais bien pourquoi je n'ai pas de nouvelles. J'irais, je monterais à la maison indienne , j'entrerais dans ta chambre , j'ouvrirais tes rideaux et je verrais dans cette alcôve. Que verrais-je ? Ah ! Dieu le sait. Pâle,

B

sans sommeil, sans voix, sans vie presque. Ainsi
je te fais, ainsi je te vois, ainsi tu me suis, ainsi
je te trouve dans ma chambre où je suis seule.
Maurice, mon ami, Caro, ma petite sœur, et vous
tous qui deviez m'écrire, pourquoi ne m'écrire
pas? Peut-être es-tu trop souffrant, Caro trop
occupée; mais ton ami, ton frère d'Aurevilly,
qu'est-ce qui lui fait garder silence? Vous en-
tendez-vous pour me désoler? Oh! non; plutôt
on ne veut pas me dire, on attend pour me
dire mieux, ou ton ami est malade et toi, paresseux, tu ne penses à rien. En effet, il souffrait de
violents maux de tête, me disait-il dernièrement,
et cela pourrait bien s'être changé en maladie.
Je crains, j'ai plus que crainte qu'il soit malade.
Double peine à présent. Pauvre cœur, n'auras-tu
pas trop de poids? Oh! le mot, encore un mot de
sainte Thérèse : Ou souffrir ou mourir!

24.

Que tout est riant, que le soleil a de vie, que

l'air m'est doux et léger! Une lettre, des nouvelles, du mieux, cher malade, et tout est changé
en moi, dedans, dehors. *Je suis heureuse aujourd'hui.* Mot si rare que je souligne. Enfin,
enfin cette lettre est venue! Je l'ai là sous les yeux,
sous la main, au cœur, partout. Je suis toute
dans une lettre toujours, tantôt triste, tantôt gaie.
Dieu soit béni d'aujourd'hui, de ce que j'apprends
de ton sommeil, de ton appétit, de cette promenade aux Champs Elysées avec Caro, ton ange
conducteur. Le cher et bon ami me mande cela
avec un détail d'amitié bien touchant. C'est trop
aimable de se mettre ainsi entre frère et sœur
séparés pour leur correspondance intime, pour
servir mes sollicitudes, pour couper la longue
distance qui s'arrête où je le rencontre. Toujours,
toujours j'aurai obligation, reconnaissance infinie
de ce service, de cet affectueux dévouement du
plus aimable des amis.

Causé longtemps avec Marie de cette lettre et
de choses infinies qui s'y sont rattachées. Les en-
chaînements se font si bien de chose à autre,
qu'on noue le monde par un cheveu quelquefois.

Ainsi avons-nous tiré le passé, le passé de l'éternité où il est tombé, pour le revoir entre nous, entre Elle et moi, moi venue si extraordinairement auprès d'Elle.

La belle vision, l'admirable figure de Christ que j'aperçois sur la tapisserie vis-à-vis de mon lit. C'est fait pour l'œil d'un peintre. Jamais je n'ai vu tête plus sublime, plus divinement douloureuse avec les traits qu'on donne au Sauveur. J'en suis frappée, et j'admire ce que fait ma chandelle derrière une anse de pot à l'eau dont l'ombre encadre trois fleurs sur la tapisserie qui font ce tableau. Ainsi les plus petites choses font les grandes. Des enfants découvrirent les lunettes d'approche, un verre par hasard rapprocha les astres, une mauvaise lumière et un peu d'ombre sur un papier me font un tableau de Rubens ou de Raphaël. Le beau n'est pas ce qu'on cherche, mais ce qu'on rencontre. Il est vraiment beau, plus beau que rien de ce que j'ai vu en ce genre à l'exposition. Quelque ange l'a-t-il exposé[e] pour moi dans ma chambre solitaire, cette image de Jésus, *car Jésus est doux à l'âme, et avec lui rien ne lui manque et rien ne lui paraît diffi-cile.* Eh bien donc, que cette image me soit utile, me soit en aide dans la pensée qui m'occupe. Demain, je vais pour toi faire un pèlerinage qui me coûte, non pour les pas, c'est pour autre chose qui demande courage d'âme, force de foi. Je l'aurai, Dieu aidant. Ne va pas croire à un mar-tyre; il ne s'agit que d'aller me confesser à un prêtre auquel je n'ai pas confiance, mais c'est le seul de l'endroit, et j'ai besoin de me confesser pour la neuvaine que nous faisons faire. Dans cet acte de religion, il faut toujours séparer l'homme du prêtre et quelquefois l'anéantir.

Adieu; je vais dormir avec ces pensées, avec ton souvenir et tant d'autres.

25.

26.

Est-ce possible, est-ce *disable?* Qu'importe,

ici tout se met, tout se dit; c'est mon *déposi-
toire*. Je laisse ici rire et penser. Je ris à présent
d'un soulier, soulier magique, plus magique que
la pantoufle de Cendrillon, plus enchanteur que
le bijou de pied de la Esmeralda, puisque le plaisir de le tenir dans mes mains l'a emporté sur le
plaisir d'écrire à M. Xavier de Maistre.

> Ce n'était pas qu'il fût joli,
> Qu'il fût brodé, qu'il fût mignon.

Il est vieux, déformé, sans bordure, et j'ai cousu
un ruban autour, trouvant à cela un charme
étonnant. Pauvre soulier, je l'aurai rajeuni et re-
mis en état de paraître encore, de reprendre son
rang aux pieds qu'il chaussait si élégamment na-
guère, qui l'ont porté sur délicats tapis, des
beaux salons aux cathédrales, des Tuileries aux
champs du Nivernais. O mon soulier, ton histoire
serait longue, et de tes pas faits à Paris: jamais
pages, tant que j'écrirai, n'auraient l'intérêt et
ne me diraient rien de joli comme ce que j'ai lu
sur tes légères semelles.

J'écrirai demain à monsieur Xavier.

27.

Il fut un temps, il y a quelques années, la
pensée d'écrire à un poëte, à un grand nom,
m'aurait ravie. Si, quand je lisais *Prascovie* ou
le *Lépreux*, l'espoir d'en voir l'auteur ou de lui
parler m'était venu, j'en aurais eu des enthou-
siasmes de bonheur. O jeunesse! Et maintenant
j'ai vu, écrit et parlé sans émotion, de sang-froid
et sans plaisir, ou que bien peu celui de la curiosité (1), le moindre, le dernier dans l'échelle des
sensations. Curiosité encore, il faut le dire, un peu
décharmée, étonnée seulement de ne voir rien
d'étonnant. Un grand homme ressemble tant aux
autres hommes! Aurais-je cru cela, et qu'un Lamartine, un de Maistre, n'eussent pas quelque
chose de plus qu'humain! J'avais cru ainsi dans ma
naïveté au Cayla, mais Paris m'a ôté cette illusion
et bien d'autres. Voilà le mal de voir et de vivre,

(1) *Erreur.* (Ms.)

c'est de laisser toutes les plus jolies choses derrière. On se prendrait aux regrets sans un peu de raison chrétienne, qui console de tout, raison chrétienne, entends bien, car la raison seule est trop sotte et n'est pas ma philosophie.

Lettre de toi, lettre de convalescence, de printemps, d'espérance, de quelque chose qui me fait bonheur, d'une vie qui reverdoie. O mon ami, que je te remercie!

Visite d'une dame et de sa petite-fille, jeune plante un peu flétrie, pâle, inclinée sous une fièvre lente, sous le développement de la vie qui la fait souffrir. Elle est blanc d'albâtre, Francine, à peine rosée aux lèvres, veloutée de violet sous les yeux, air abattu et complet de langueur intéressante. Que sa grand'mère a vu de choses! Ces aïeules sont des collections d'antiques en tout genre.

28.

Heureux ceux qui croient sans avoir vu.

Heureux donc les croyants à la poudre homéo-
pathique, heureux donc mon estomac qui vient
d'en prendre sur l'ordonnance de Marie. J'ai
plutôt foi au médecin qu'au remède, il faut le
dire, ce qui revient au même pour l'effet. Quoique
je t'aie pressé de consulter cette nouvelle mé-
thode de guérison, c'était plutôt pour le régime
doux et long, et par cela d'un bon effet, que
pour les infiniment petits qui doivent produire
infiniment peu de chose. Que peut contenir
d'agissant un atome de poudre quelconque,
fût-elle de feu? J'ai donc pris sans conviction,
et pour complaire à la tendre amie pleine de
soins pour ma santé. Mon remède est de ne
rien faire, de laisser faire dame nature qui s'en
tire seule, à moins de cas aigus. La santé est
comme les enfants, on la gâte par trop de
soins. Bien des femmes sont victimes de cet
amour trop attentif à de petites douleurs, et
demeurent tourmentées de souffrances pour les
avoir caressées. Les dérangements de santé qui
ne sont d'abord que petits maux, deviennent
grandes maladies souvent, comme on voit les

défauts dans l'âme devenir passions quand on les flatte. Je ne veux donc pas flatter mon malaise d'à présent, et quoique gémissent cœur et nerfs, lire, écrire et faire comme de coutume en tout. C'est bien puissant le *je veux* de la volonté, le mot du maître, et j'aime fort le proverbe de Jacotot : Pouvoir, c'est vouloir. En effet, quel levier ! L'homme qui s'en sert peut soulever le monde et se porter lui-même jusqu'au ciel. Noble et sainte faculté qui fait les grands génies, les saints, les héros des deux mondes, les intelligences supérieures.

Lu les Précieuses Ridicules et les Savantes. Quel homme, ce Molière ! Je veux le lire.

1er mai.

C'est au bel air de mai, au soleil levant, au jour radieux et balsamique, que ma plume trotte sur ce papier. Il fait bon courir dans cette nature enchanteuse, parmi fleurs, oiseaux et verdure, sous ce ciel large et bleu du Nivernais. J'en aime fort la gracieuse coupe et ces petits nuages blancs çà et là comme des coussins de coton, suspendus pour le repos de l'œil dans cette immensité. Notre âme s'étend sur ce qu'elle voit ; elle change comme les horizons, elle en prend la forme, et je croirais assez que l'homme en petit lieu a petites idées, comme aussi riantes ou tristes, sévères ou gracieuses, suivant la nature qui l'environne. Chaque plante tient du sol, chaque fleur tient de son vase, chaque homme de son pays. Le Cayla, notre bel enclos, m'a tenue longtemps sous sa verdure, et je me sens différente d'alors. Marie craint que ce soit malheur, mais je ne crois pas : il me reste assez de ce que j'étais pour reprendre à la même vie. Seulement il y aura nouvelle branche et deux plantes sur même tronc, comme ces arbres greffés de plusieurs sortes où l'on voit des fleurs différentes.

A pareil jour peut-être à pareil (*sic*) Mimi la sainte est à genoux devant le petit autel du mois de Marie dans la chambrette. Chère sœur ! je me joins à elle et trouve aussi ma chapelle aux

Coques. On m'a donné pour cela une chambre que Valentine a remplie de fleurs. Là j'irai me faire une église, et Marie, ses petites filles, valets et bergers et toute la maison s'y réuniront tous les soirs devant la Sainte Vierge. Ils y viennent d'abord comme pour voir seulement. Jamais mois de Marie ne leur est venu. Il pourra résulter quelque bien de cette dévotion curieuse, ne fût-ce qu'une idée, une seule idée de leurs devoirs de chrétien, que ces pauvres gens connaissent peu, que nous leur lirons en les amusant. Ces dévotions populaires me plaisent en ce qu'elles sont attrayantes dans leurs formes et offrent en cela de faciles moyens d'instructions. On drappe le dessous de bonnes vérités qui ressortent toutes riantes et gagnent les cœurs au nom de la Vierge et de ses douces vertus. J'aime le mois de Marie et autres petites dévotions aimables que l'Eglise permet, qu'elle bénit, qui naissent aux pieds de la foi comme les fleurs aux pieds du chêne.

2.

Ecrit à papa, à une mère sur la mort de sa fille. Lu Andryane. Promenade avec Marie. Parlé de nos frères, ri d'un méchant auteur et rentrées par un orage; tonnerre, pluie et bruit. A présent c'est un jour.

3.

Pas écrit ni envie d'écrire, même à toi, bien-aimé malade. Si ceci te faisait du bien, si je pouvais te l'adresser, te le mettre en main tous les jours : oh! alors rien ne m'empêcherait d'écrire. Mais pour l'avenir, pour jamais peut-être, cela décourage et coupe tout élan. Que me serviront des pensées que je t'adressais quand tu ne pourras pas les lire; quand je ne sais quoi me sépare de Maurice? car je crains fort de m'en retourner seule au Cayla. Je ne veux pas de cette pensée qui me revient toujours sur ta santé et tant d'autres obstacles. Ce cher voyage me paraît si incertain que je n'y compte plus. Et Dieu sait alors quand nous nous reverrons ! Mon ami , faudra-t-il que nous vivions séparés , que ce mariage que je bâtissais comme un nid pour toi où je viendrais te joindre, nous laisse plus loin que jamais ! je souffre beaucoup de cela maintenant et dans l'avenir. Mes besoins , mes penchants se portent vers toi plus qu'à tout autre de ma famille ; j'ai le malheur de t'aimer plus que qui que ce soit au monde, et mon cœur s'était fait son vieux bonheur près de toi. Sans jeunesse , à fin de vie, je m'en allais avec Maurice. A tout âge, il y a bonheur dans une grande affection ; l'âme s'y réfugie tout entière. Oh ! tant douce jouissance qui ne sera pas pour ta sœur. Je n'aurai d'ouverture que du côté de Dieu pour aimer comme je l'entends , comme je le sens. Amour des saints si désirable, si consolant , si beau , à donner envie d'aller au ciel pour arracher son cœur à Thérèse, l'amante de Jésus.

Je sors d'ici ; je vais lire et prendre un calme apparent. Mon Dieu !

4.

Ces Mémoires d'Andryane, qu'on m'a fait si intéressants, ne m'intéressent pas encore au second volume. Peut-être est-ce ma faute, et suis-je difficile à l'impression. Je trouve ces récits de prisons languissants, ces chaînes beaucoup trop traînantes ; mais j'irai au bout. Dans tout livre il y a quelque chose de bon ; c'est une poudre d'or semé partout, suivant ton expression, mieux appliquée peut-être qu'à présent. Je l'ai vu cet Andryane, l'Adonis des républicains ; je l'ai lu et ne lui ai trouvé encore rien de plus beau que son visage.

Je passe presque tout mon temps à lire, quand nous ne causons pas avec Marie ; mais même en causant et s'aimant beaucoup, la solitude est trop déserte, trop vide à deux femmes seules. Les livres donc, les livres. Ils rendent service, ils sont utiles ; quoi que dise ton ami, je ne voudrais pas les brûler. Ceci me rappelle le soir du fanatisme, hélas ! si loin.

Heureuse enfant ! Voilà Valentine qui entre
ravie de me porter un hanneton. Ce sont cris et
transports de joie à faire plaisir, à me faire penser
à cet âge, à ces bonheurs perdus. Que d'élans
faits pour un grillon, pour un brin d'herbe !

8.

Ce qu'il y a de bon dans les Mémoires d'Andryane, c'est le triomphe de l'âme sur l'adversité ;
ce sont ces chaînes portées noblement, c'est le
chrétien au cachot, puisant en Dieu dignité et
force ; profession de foi développée avec esprit et
sentiment ; puis le journal de sa sœur plein d'intérêt, plein de larmes. Il y a dans ce livre de
quoi attacher et faire du bien.

Attente de lettres, et point de lettres, ni pour
Marie ni pour moi ; ce qui fait nuage au cœur
des deux amies, qui voient tout ensemble. Ecrit
à toi, commencé une robe et lu les premières
pages de la Physiologie des Passions ; début qui
me plaît.

9.

Ecrit à Mgr de Nevers : lettre qui m'ennuyait d'abord et dont j'ai plaisir à présent, parce que j'ai fait plaisir à quelqu'un. L'Ascension aujourd'hui, une de ces fêtes radieuses de l'Eglise qui soulèvent l'âme chrétienne vers un monde de joies inconnues, vers le lieu où saint Paul a vu ce que l'œil n'a point vu. Mon ami, y serons-nous un jour, toi, moi, tous ceux que nous aimons? Grande et terrible question ! Et si cela n'est pas, nous aurons tout perdu, et la vie n'aura été qu'une illusion ! Malheur dont Dieu nous préserve.

Une lettre de Caro, la chère sœur, qui me parle de toi, mais pas assez, mais sans détails, sans intime, sans cela qui fait voir ce qu'on ne voit pas, et que fait M. d'Aurevilly. De toutes les lettres aussi les siennes sont les préférées, pleines de toi, et d'un dire qui les rend charmantes.

C

10.

La lettre de Caro m'a laissé des soucis, des inquiétudes sur cette faiblesse qui t'empêchait un matin de te soulever, de te chausser. Que c'est de mauvaise note, mon Dieu, et qu'il me tarde que notre ami m'envoie son bulletin! Je saurai alors ce qui en est de cette chère santé. Le bien, le mal me sont rendus avec détail et précision. Je te vois jusque dans tes veines. Reconnaissance à lui, à l'ami dévoué à mes inquiétudes!

11.

Si je pouvais croire au bonheur, a dit M. de Chateaubriand, je le placerais dans l'habitude: *l'uniforme habitude qui lie au jour le jour* et rend presque insensible la transition d'une heure à l'autre, d'une chose à une autre chose, qui se fait voir venir de loin et arrive sans choc pour l'âme. Il y a repos dans cette vie mesurée, dans cet arrangement, dans cet enchaînement de devoirs, d'études, de chants, de prières, de délassements que s'imposent les religieux, qui leur reviennent successivement comme les anneaux d'une chaîne tournante. Ils n'attendent pas ou ils savent ce qu'ils attendent, ces hommes d'habitude, et voilà l'inquiétude, l'agitation, le *chercher* de moins pour ces âmes. Bonheur sans doute de M. Chateaubriand, et de celui qui disait avec trop de mollesse : « Il me semble que, sur le duvet de mes habitudes, je n'ai pas le besoin de me donner la peine de vivre ». De tout cela je conclus qu'il est bon de savoir ce que l'on veut faire. Marie à imagination flottante, papillonnante, n'aime pas l'uniformité et ne comprend pas que je l'aime. C'est cependant vrai, et j'éprouve, contradiction, malaise de ne pas faire les choses suivant leur temps et leur ordre. C'est que sans ordre la vie est un pêle-mêle d'où ne sort rien de beau, tant au-dedans qu'au-dehors. L'harmonie a tant de charmes ! et ce n'est que l'accord de choses qui s'appellent et se suivent.

La Bulle de Savon, conte oriental, qui m'est venu pour Valentine.

13.

La Reine est une perfection de bonté. Dans cet hommage de reconnaissance, dans ces mots écrits en un livre, et, ce me semble, aussi sur votre trône, est un doux encouragement, un attrait d'espérance en Votre Majesté.

Chaque Français a la sienne et pour moi, Madame, ce serait d'obtenir quelques dons pour ma paroisse, pour notre église en dénuement.

Mission de quêteuse m'a été donnée, en venant à Paris, et puis-je mieux la remplir qu'en manifestant nos besoins à qui les comprend tous?

En voyant vos riches cathédrales, le pompeux St.-Roch où vous étiez, j'ai pensé tristement à notre pauvre petite église, et me suis promis de demander en son nom à notre pieuse reine.

Cette inspiration venue de Dieu, sans doute, je la suis, je vous l'adresse, Madame, comme à une providence, comme à la protectrice de la foi et du culte religieux en France.

Royale aumône serait pour nous de grand prix et graverait en grains d'encens le nom de Votre Majesté dans l'église et dans le souvenir des paroissiens d'Andillac.

C'est avec leur prière que je dépose à vos pieds les sentiments aussi de leur interprète, de celle qui a l'honneur d'être, Madame, de Votre Majesté, la très-respectueuse et fidèle, etc., etc.

16.

Émeute, sang, bruit de canons, bruit de mort. Nouvelle venue comme un coup de foudre dans notre désert et calme journée. Maurice, Caro, amis de Paris, je suis en peine, je vous vois sur le volcan. Mon Dieu, je viens d'écrire à Caro et commence un mot à M. d'Aurevilly, mon second frère en intérêt.

18.

Point de lettre hier ni d'écriture ici. Je n'ai fait qu'attendre, attendre un mécompte. Triste fin d'une journée d'espérance, qui revient encore aujourd'hui ; rien ne peut l'éloigner du cœur, cette trompeuse.

Je vais lire : que lirai-je ? Le choix des livres, malaisé comme celui des hommes : peu de vrais et d'aimables.

19.

Une lettre de Louise, pleine d'intérêt pour toi, rien que cœur, esprit, charme d'un bout à l'autre, façon de dire qui ne se dit nulle part que dans ces rochers de Rayssac. La solitude fait cela ; il y vient des idées qui ne ressemblent à rien du monde, inconnues, jolies comme des fleurs ou des mousses. Charmante Louise, que je l'aime !

Je la trouve cette fois d'un calme, d'un désabusé qui m'étonne, elle si illusionnée d'ordinaire. Je vais joindre l'autre Louise, qui ressemble tant à celle-ci, ne trouves-tu pas? et qui prie aussi et fait prier pour ta guérison. « L'autre jour, m'écrit-elle, (Louise de Rayssac) j'étais à la Platée, paroisse de ma tante; je m'approchai d'une sainte fille qui habite cette église depuis le matin jusqu'au soir, et qui est en grande vénération de sainteté. Je soulevai un coin de son voile noir et lui dis bien bas : Pardon, mademoiselle, je voudrais vous demander des prières pour un jeune homme malade, frère de la personne que j'aime le plus au monde. Eh bien, je prierai, me dit-elle, avec cet air de modestie qui donne encore plus de confiance à ma recommandation. Je ne l'ai pas revue. »

N'est-ce pas un joli trait pieux, mon ami, cette jeune fille quêtant pour toi des prières avec un air d'intérêt céleste? Elle est charmante. Les anges lui auraient donné.

21.

Mon bonheur, mon charme, mes délices,
écrire au soleil, écouter les oiseaux.

Ce n'a pas été long ce beau jour de ce matin.
Hélas! mon ami, une lettre de Caro m'est venue
parler si tristement de ta santé que j'en suis accablée. Il tousse, il tousse encore! Ces mots re-
tentissent partout depuis, une pensée désolante
me poursuit, passe et repasse, dedans, dehors,
et va tomber sur un cimetière; je ne puis voir
une feuille verte sans penser qu'elle tombera
bientôt et qu'alors les poitrinaires meurent. Mon
Dieu, détournez ces pressentiments, guérissez-
moi ce pauvre frère! Que me faudrait-il faire
pour lui? Impuissante affection! Tout se réduit
pour moi à souffrir pour toi.

22.

Si jamais tu lis ceci, mon ami, tu auras l'idée
d'une affection permanente, ce quelque chose pour
quelqu'un qui vous occupe au coucher, au lever,
dans le jour et toujours, qui fait tristesse ou joie
mobile et centre de l'âme. — En lisant un livre de
géologie, j'ai rencontré un éléphant fossile décou-
vert dans la Laponie, et une pirogue déterrée
dans l'île des Cygnes, en creusant les fondations
du pont des Invalides. Me voilà sur l'éléphant,
me voilà dans la pirogue faisant le tour des mers
du Nord et de l'île des Cygnes, voyant ces lieux
du temps de ces choses : la Laponie chaude, verdoyante et peuplée, non de nains, mais d'hommes beaux et grands, de femmes s'en allant en
promenade sur un éléphant, dans ces forêts, sous
ces monts pétrifiés aujourd'hui ; et l'île des Cygnes, blanche de fleurs, et de leur duvet. Oh !
que je la trouve belle ! Et ses habitants qui sont-
ils, que font-ils dans ce coin du globe ? Descen-

dants comme nous de l'exilé d'Eden, connaissent-
ils sa naissance, sa vie, sa chute, sa lamentable
et merveilleuse histoire; cette Eve pour laquelle
il a perdu le ciel, tant de malheur et de bonheur
ensemble, tant d'espérances dans la foi, tant de
larmes sur leurs enfants, tant et tant de choses
que nous savons, que savait peut-être avant nous
ce peuple dont il ne reste qu'une planche? Nau-
frages de l'humanité que Dieu seul connaît, dont
il a caché les débris dans les profondeurs de la
terre, comme pour les dérober à notre curiosité.
S'il en laisse voir quelque chose, c'est pour nous
apprendre que ce globe est un abîme de malheurs; que ce qu'on gagne à remuer ses en-
trailles, c'est de découvrir des inscriptions fu-
néraires, des cimetières. La mort est au fond
de tout, et on creuse toujours comme qui cherche
l'immortalité.

Une lettre de Félicité qui ne m'apprend rien
de meilleur de toi. Quand écriront-ils ceux qui
en savent davantage? Si on voyait battre un cœur
de femme, on en aurait plus de pitié. Pourquoi
sommes-nous ainsi, qu'un désir nous consume,

qu'une crainte nous brise, qu'une attente nous
obsède, qu'une pensée nous remplisse et que tout
ce qui nous touche nous fasse tressaillir? Souvenir de lettres, heure de la poste, vue d'un papier, Dieu sait ce que j'en éprouve. Le désert des
Coques aura vu bien des choses pour toi. Ma
douce amie, ma sœur de peines et d'affections est
là pour mon bonheur d'un côté, pour m'attris-
ter de l'autre quand je la vois souffrir, et qu'il
me faut lui cacher mes souffrances pour ména-
ger sa sensibilité. Sa   (*sic*).

24.

Inquiétudes, alarmes croissantes, lettre de
M. de Frégeville qui t'a trouvé plus mal. Mon
Dieu! faut-il apprendre comme par hasard que je
puis te perdre? Personne de plus près qu'un
étranger ne me parlera pas de toi, ne me dira
pas qu'il t'a vu pour moi! Dans l'éloignement,
rien n'est accablant comme le silence. C'est la
mort avancée. Mon ami, mon frère, mon cher

Maurice, je ne sais que penser, que dire, que
sentir. Après Dieu, je ne vis qu'en toi comme une
martyre, en souffrant. Et qu'est-ce que cela, si je
pouvais l'offrir pour te racheter, quand je plon-
gerais dans une mer de douleur pour te sauver
du naufrage ! Toute rédemption se fait par la
souffrance : acceptez la mienne, mon Dieu, unissez-la à celle des sœurs de Lazare, unissez-la à
celle de Marie, au glaive qui perça son âme auprès de Jésus mourant ; acceptez, mon Dieu,
coupez, tranchez en moi, mais qu'il se fasse une
résurrection.

25.

Courrier passé sans me rien laisser. Mêmes
doutes et incertitudes, mêmes craintes envahis-
santes. Savoir et ne pas savoir ! Etat d'indicibles
angoisses. Et voilà la fin de ce cahier : mon Dieu !
qui le lira ?

Entre le mémorandum que le lecteur vient d'achever et celui qu'il va lire, Maurice de Guérin, toujours plus malade, avait quitté Paris, accompagné de sa sœur et de sa femme, et était retourné au Cayla, où il ne tarda pas à mourir. Quoique cette mort, l'éternel deuil d'Eugénie, soit la *pensée fixe* des pages suivantes, on a cru nécessaire de la rappeler au lecteur. Ce mémorandum *d'après la mort* est adressé par Eugénie, non plus au cher trépassé qu'elle pleurait, mais au meilleur ami de son frère, à celui qui lui a fait une tombe vivante de son cœur.

(*Note de l'Éditeur.*)

ENCORE A LUI

A MAURICE MORT, A MAURICE AU CIEL

IL ÉTAIT LA GLOIRE ET LA JOIE DE MON COEUR

OH! QUE C'EST UN DOUX NOM ET PLEIN DE DILECTION
QUE LE NOM DE FRÈRE!

Vendredi 19 juillet, à 11 heures 1/2, date éternelle!

21 juillet.

NON, mon ami, la mort ne nous séparera pas, ne t'ôtera pas de ma pensée : la mort ne sépare que le corps; l'âme au lieu d'être là est au ciel, et ce changement de demeure n'ôte rien à ses affections. Bien loin de là, j'espère ; on aime mieux au ciel où tout se divinise. O mon ami, Maurice, Maurice, es-tu loin de moi, m'entends-tu? Qu'est-ce que les lieux où tu es maintenant, qu'est-ce que Dieu si beau, si puissant, si bon, qui te rend heureux par sa vue ineffable en te dévoilant l'éternité ? Tu vois ce que j'attends, tu possèdes ce que j'espère, tu sais ce que je crois. Mystères de l'autre vie, que vous êtes profonds, que vous êtes terribles, que quelquefois vous êtes doux! oui, bien doux, quand je pense que le

ciel est le lieu du bonheur. Pauvre ami, tu n'en
as eu guère ici-bas, de bonheur; ta vie si courte.
n'a pas eu le temps du repos. O Dieu, soutenez-
moi, établissez mon cœur dans la foi. Hélas! je
n'ai pas assez de cet appui. Que nous t'avons
gardé et caressé et baisé, ta femme et nous tes
sœurs, mort dans ton lit, la tête appuyée sur un
oreiller comme si tu dormais. Puis nous t'avons
suivi dans le cimetière, dans la tombe, ton dernier lit, prié et pleuré, et nous voici, moi t'écrivant comme dans une absence, comme quand tu
étais à Paris. Mon ami, est-il vrai, ne te rever-
rons-nous plus nulle part sur la terre? Oh! moi
je ne veux pas te quitter ; quelque chose de doux
de toi me fait présence, me calme, fait que je
ne pleure pas. Quelquefois larmes à torrents,
puis l'âme sèche. Est-ce que je ne le regretterais
pas! Toute ma vie sera de deuil, le cœur veuf,
sans intime union. J'aime beaucoup Marie et le
frère qui me reste, mais ce n'est pas avec notre
sympathie. Reçu une lettre de ton ami d'Aurevilly pour toi. Déchirante lettre arrivée sur ton
cercueil. Que cela m'a fait sentir ton absence! Il

faut que je quitte ceci, ma tête n'y tient pas, parfois je me sens des ébranlements de cerveau. Que n'ai-je des larmes ! J'y noierais tout.

22.

Sainte Madeleine aujourd'hui, celle à qui il a été beaucoup pardonné parce qu'elle a beaucoup aimé. Que cette pensée qui m'est venue pendant la messe que nous avons entendue pour toi m'a consolée sur ton âme ! Oh! cette âme aura été pardonnée, mon Dieu, je me souviens de tout un temps de foi et d'amour qui n'aura pas été perdu devant vous.

> Où l'Éternité réside
> On retrouve jusqu'au passé.

Le passé de la vertu surtout, qui doit couvrir les faiblesses, les erreurs présentes. Oh! que ce monde, cet autre monde où tu es m'occupe. Mon ami, tu m'élèves en haut, mon âme se détache de plus en plus de la terre; la mort, je crois, me ferait plaisir. Eh que ferions-nous de l'éternité en ce monde? Visites de ma tante Fontenilles, de Eliza, de M. Limer, d'Hippolyte, de Thérèse, tout monde, hélas! qui devait venir en joie de noces, et qui sont là pour un enterrement. Ainsi changent les choses. Ainsi Dieu le veut. Bonsoir, mon ami. Oh! que nous avons prié ce matin sur ta tombe, **ta femme, ton père et tes sœurs!**

Des visites, toujours des visites. Oh! qu'il est triste de voir des vivants, d'entrer en conversation, de revoir le cours ordinaire des choses, quand tout est changé au cœur. Mon pauvre ami, quel vide tu me fais! Partout ta place sans t'y voir... Ces jeunes filles, ces jeunes gens, nos parents, nos voisins, qui remplissent en ce moment le salon, sont autour de toi mort, t'entoureraient vivant et joyeux, car tu te plaisais avec eux, et leur jeune gaîté t'égayait.

Lettre touchante de l'abbé de Rivières, qui te

pleure en ami ; pareille lettre de sa mère pour
moi. Expression la plus tendre de regret, douleur
de mère mêlée à la mienne. Oh ! elle savait que
tu étais le fils de mon cœur.

Au retour de

Je ne sais ce que j'allais dire hier à cet endroit
interrompu. Toujours larmes et regrets. Cela ne
passe pas, au contraire : les douleurs profondes
sont comme la mer, avancent, creusent toujours
davantage. Huit soirs ce soir que tu reposes là-
bas, à Andillac, dans ton lit de terre. O Dieu,
mon Dieu ! consolez-moi ! Faites-moi voir et espérer au-delà de la tombe, plus haut que n'est
tombé ce corps. Le ciel, le ciel ! oh ! que mon
âme monte au ciel.

Aujourd'hui grande venue de lettres que je
n'ai pas lues. Que lire là-dedans ? des mots qui
ne disent rien. Toute consolation humaine est
vide. Que j'éprouve cruellement la vérité de ces
paroles de l'Imitation ! Ta berceuse est venue, la
pauvre femme toute larmes, et portant gâteaux

et figues que tu aurais mangés. Quel chagrin m'ont donné ces figues! Le plus petit plaisir que je te vois venir me semble immense. Et le ciel si beau, et les cigales, le bruit des champs, la cadence des fléaux sur l'aire, tout cela qui te charmerait me désole. Dans tout je vois la mort. Cette femme, cette berceuse qui t'a veillé et tenu un an malade sur ses genoux, m'a porté plus de douleur que n'eût fait un drap mortuaire. Déchirante apparition du passé : berceau et tombe. Je passerais la nuit ici avec toi sur ce papier; mais l'âme veut prier, l'âme te fera plus de bien que le cœur.

Chaque fois que je pose la plume ici, une lame me passe au cœur. Je ne sais si je continuerai d'écrire. A quoi sert ce journal ? Pour qui, hélas! Et cependant je l'aime, comme on aime une boîte funèbre, un reliquaire où se trouve un cœur mort, tout embaumé de sainteté et d'amour. Ainsi ce papier où je te conserve, ami tant aimé, où je te garde un parlant souvenir, où je te retrouverai dans ma vieillesse (si je vieillis). Oh oui, viendront les jours où je n'aurai de vie que dans le passé, le passé avec toi, près de toi jeune, intelligent, aimable, sensibilisant tout ce qui t'approchait, tel que je te vois, tel que tu nous as quittés. Maintenant je ne sais ce qu'est ma vie, si je vis. Tout est changé au dedans, au dehors. O mon Dieu! que ces lettres sont déchirantes, ces lettres du bon marquis et de ton ami surtout. Oh! celles-ci, qu'elles m'ont fait pleurer. Il y a là-dedans tant de larmes pour mes larmes! Cet intime ami me touche comme ferait te voir. Mon cher Maurice, tout ce que tu as aimé m'est cher, me semble une portion de toi-même. Frère et sœur nous serons avec M. d'Aurevilly; il se dit mon frère... —Lu les Confessions de saint Augustin à l'endroit de la mort de son ami. Trouvé un charme de vérité, une saillante expression de douleur à cette lecture qui m'a fait du bien. Les saints savent toujours mêler quelque chose de consolant à leurs larmes.

30.

Rien n'est poignant comme le retour des mêmes personnes dans des jours tout différents, revoir en deuil qui vous avait porté la joie. Sa tante, la tante de Caroline, celle qui, il y a deux ans, nous amenait ta fiancée, est arrivée, est ici où tu n'es pas.....

4 août.

A pareil jour vint au monde un frère que je devais bien aimer, bien pleurer, hélas ! ce qui va souvent ensemble. J'ai vu son cercueil dans la même chambre, à la même place où, toute petite, je me souviens d'avoir vu son berceau, quand on m'amena de Gaillac où j'étais, pour son baptême. Ce baptême fut pompeux, plein de fête, plus qu'aucun autre de nous, marqué de distinction. Je jouai beaucoup et je repartis le lendemain, aimant fort ce petit enfant qui venait de naître. J'avais cinq ans. Deux ans après je revins, lui portant une robe que je lui avais faite. Je lui mis sa robe et le menai par la main le long de la garenne du nord, où il fit quelques pas tout seul, les premiers, ce que j'allai annoncer en grande joie à ma mère : Maurice, Maurice a marché seul ! Souvenir qui me vient tout mouillé de larmes.

6.

Journée de prières et de pieuse consolation : pélerinage de ton ami, le saint abbé de Rivières, à Andillac, où il a dit la messe, où il est venu prier avec tes sœurs près de ta tombe. Oh ! que cela m'a touchée ; que j'ai béni dans mon cœur ce pieux ami agenouillé sur tes restes, dont l'âme, par-delà ce monde, soulageait la tienne souffrante, si elle souffre. Maurice, je te crois au ciel. Oh ! j'ai cette confiance que tes sentiments religieux me donnent, que la miséricorde de Dieu m'inspire. Dieu si bon, si compatissant, si aimant, si Père, n'aurait-il pas eu pitié et tendresse pour un fils revenu à lui ! Oh ! il y a trois ans qui m'affligent ; je voudrais les effacer de mes larmes. Mon Dieu, tant de supplications ont été faites ! Mon Dieu, vous les avez entendues, vous les aurez exaucées. O mon âme, pourquoi es-tu triste et pourquoi me troubles-tu?

13.

Besoin d'écrire, besoin de penser, besoin d'être seule, non pas seule, avec Dieu et toi. Je me trouve isolée au milieu de tous. O solitude vivante, que tu seras longue !

17.

Commencé à lire les Saints Désirs de la Mort, lecture de mon goût. Mon âme vit dans un cercueil. Oh oui, enterrée, ensevelie en toi, mon ami ; de même que je vivais en ta vie, je suis morte en ta mort. Morte à tout bonheur, à toute espérance ici-bas. J'avais tout mis en toi comme une mère en son fils ; j'étais moins sœur que mère. Te souviens-tu que je me comparais à Monique pleurant son Augustin quand nous parlions de mes afflictions pour ton âme, cette chère âme dans l'erreur. Que j'ai demandé à Dieu son salut, prié, supplié. Un saint prêtre me dit : Votre frère reviendra. Oh! il est revenu, et puis m'a quittée pour le ciel, pour le ciel, j'espère. Il y a eu des signes évidents de grâce, de miséricorde dans cette mort. Mon Dieu, j'ai plus à vous bénir qu'à me plaindre. Vous en avez fait un élu par les souffrances qui rachètent, par l'acceptation et résignation qui méritent, par la foi qui sanctifie. Oh oui! cette foi lui était revenue vive et profonde ; cela s'est vu dans des actes religieux, des prières, des lectures, et dans ce baiser à la croix fait avec tant d'âme et d'amour un peu avant de mourir. Oh! moi qui le voyais faire, qui le regardais tant dans ses dernières actions, j'ai dit, mon Dieu, j'ai dit qu'il s'en allait en paradis. Ainsi finissent ceux qui s'en vont dans la vie meilleure. Mau-

rice, mon ami, qu'est-ce que le ciel, ce lieu des
amis? Jamais ne me donneras-tu signe de là? Ne
t'entendrai-je pas, comme on dit que quelquefois
on entend les morts. Oh! si tu le pouvais, s'il
existe quelque communication entre ce monde
et l'autre, reviens! Je n'aurai pas peur un soir
de voir une apparition, quelque chose de toi à
moi qui étions si unis. Toi au ciel et moi sur la
terre, oh! que la mort nous sépare! J'écris ceci
à la chambrette, cette chambrette tant aimée où
nous avons tant causé ensemble, rien que nous
deux. Voilà ta place et là la mienne. Ici était ton
portefeuille si plein de secrets de cœur et d'intelligence, si plein de toi et de choses qui ont dé-
cidé de ta vie. Je le crois, je crois que les événements ont influé sur ton existence. Si tu étais
demeuré ici, tu ne serais pas mort. *Mort!* terrible et unique pensée de ta sœur.

20.

Hier allée à Cahuzac entendre la messe pour

toi en union de celle que le prince de Hohenloe offrait en Allemagne pour demander à Dieu ta guérison, hélas! demandée trop tard. Quinze jours après ta mort, la réponse est venue m'apporter douleurs au lieu d'espérance. Que de regrets de n'avoir pas pensé plus tôt à ce moyen de salut, qui en a sauvé tant d'autres. C'est sur des faits bien établis que j'avais eu recours au saint thaumaturge, et je croyais tant au miracle! Mon Dieu, j'y crois encore, j'y crois en pleurant. Maurice, un torrent de tristesse m'a passé sur l'âme aujourd'hui. Chaque jour agrandit ta perte, agrandit mon cœur pour les regrets. Seule dans le bois avec mon père, nous nous sommes assis à l'ombre parlant de toi. Je regardais l'endroit où tu vins t'asseoir il y a deux ans, le premier jour, je crois, où tu fis quelques pas dehors. Oh! quel souvenir de maladie et de guérison. Je suis triste à la mort. Je voudrais te voir. Je prie Dieu à tout moment de me faire cette grâce. Ce ciel, ce ciel des âmes, est-il si loin de nous, le ciel du temps de celui de l'éternité! O profondeur! ô mystères de l'autre vie qui nous sépare!

Moi qu étais si en peine sur lui, qui cherchais tant à tout savoir, où qu'il soit maintenant, c'est fini. Je le suis dans les trois demeures, je m'arrête aux délices, je passe aux souffrances, aux gouffres de feu. Mon Dieu, mon Dieu, non! Que mon frère ne soit pas là, qu'il n'y soit pas. Il n'y est pas; son âme, l'âme de Maurice parmi les réprouvés... Horrible crainte, non! Mais au purgatoire où l'on souffre, où s'expient les faiblesses du cœur, les doutes de l'âme, les demi-volontés au mal. Peut-être mon frère est là qui souffre et nous appelle dans les gémissements comme il faisait dans les souffrances du corps : Soulagez-moi, vous qui m'aimez. Oui, mon ami, par la prière. Je vais prier; je l'ai tant fait et le ferai toujours. Des prières, oh! des prières pour les morts, c'est la rosée du purgatoire.

Sophie m'a écrit, cette Sophie, amie de Marie, qui m'aime en elle et vient me consoler. Mais rien d'humain ne console. Je voudrais aller en Afrique porter ma vie à quelqu'un, m'employer au salut des Arabes dans l'établissement de

.1ᵐᵉ Vialar. Mes jours ne me sembleraient pas vides, inutiles comme ils sont. Cette idée de cloître qui s'en était allée, qui s'était retirée devant toi me revient.

Le rosier, le petit rosier des Coques, a fleuri. Que de tristesses, de craintes, de souvenirs épanouis avec ces fleurs, renfermés dans ce vase donné par Marie, emporté dans notre voyage, avec nous dans la voiture de Tours à Bordeaux, de là ici. Ce rosier te faisait plaisir; tu te plaisais à le voir, à penser d'où il venait. Je voyais cela et comme étaient jolis ces petits boutons et cette petite verdure.

22.

Mis au doigt la bague antique que tu avais prise et mise ici il y a deux ans, cette bague qui nous avait tant de fois fait rire quand je te disais : Et la bague? Oh! qu'elle m'est triste à voir et que je l'aime. Mon ami, tout m'est relique de toi.

La mort nous revêtira de toute chose. Consolante parole que je viens de méditer, qui me
revêt le cœur d'espérance, ce pauvre cœur dé-
pouillé.

Comme j'aime ses lettres, ces lettres qui ne
viennent pas ! Mon Dieu, recevez ce que j'en
souffre et toutes les douleurs de cette affection.
Voilà que cette âme m'attriste, que son salut
m'inquiète, que je souffrirais le martyre pour
lui mériter le ciel. Exaucez, mon Dieu, mes
prières : éclairez, attirez, touchez cette âme si
faite pour vous connaître et vous servir. Oh!
quelle douleur de voir s'égarer de si belles intelligences, de si nobles créatures, des êtres formés
avec tant de faveur, où Dieu semble avoir mis
toutes ses complaisances comme en des fils bien-
aimés, les mieux faits à son image. Ah ! qu'ils
sont à plaindre ! que mon âme souvent les pleure
avec Jésus venu les sauver. Je voudrais le salut
de tous, que tous profitent de la rédemption qui
s'étend à tout le genre humain. Mais le cœur a
ses élus, et pour ceux-là on a cent fois plus de
désirs et de crainte. Cela n'est pas défendu.

Jésus, n'aviez-vous pas votre Jean bien-aimé, dont les apôtres disaient que par amour vous feriez qu'il ne mourrait pas. Faites qu'ils vivent toujours ceux que j'aime, qu'ils vivent de la vie éternelle. Oh! c'est pour cela, pas pour ici que je les aime. A peine, hélas! si l'on s'y voit. Je n'ai fait que l'apercevoir; mais l'âme reste dans l'âme.

25.

Tristesse et communion; pleuré en Dieu; écrit à ton ami; lu Pascal, l'étonnant penseur. J'ai recueilli cette pensée sur l'amour de Dieu, qu'on aime sans le connaître : Le cœur a ses raisons que la raison ne comprend pas. Bien souvent j'ai senti cela.

26.

Quelques gouttes de pluie sur la terre ardente. Peut-être orage ce soir, ramassé par ces vapeurs.

Qu'il tonne, qu'il passe des torrents d'eau et de vent : je voudrais du bruit, des secousses, tout ce qui n'est pas ce calme affaissant. — Si j'écrivais sa vie, cette [vie] si jeune, si riche, si rare, si rattachée à tant d'événements, à tant d'intérêts, à tant de cœurs! peu de vies semblables.

27.

Je ne sais, sans mon père, j'irais peut-être joindre les sœurs de St.-Joseph, à Alger. Au moins ma vie serait utile. Qu'en faire à présent? Je l'avais mise en toi, pauvre frère. Tu me disais de ne pas te quitter. En effet, je suis bien demeurée près de toi pour te voir mourir. *Un ecce homo,* l'homme de douleur, tous les autres derrière celui-là. Souffrances de Jésus, saints désirs de la mort, uniques penséés et méditations. Ecrit à Louise comme à Marie ; il fait bon écrire à celle-là. Et lui, pourquoi ne pas écrire, ton frère? Serait-il mort aussi! Mon Dieu, que le silence m'effraie à présent : pardonnez-moi tout ce qui

ne fait peur. L'âme qui vous est unie, qu'a-t-elle
craindre? Ne vous aimerais-je pas, mon Dieu,
unique et véritable et éternel amour! Il me semble
que je vous aime, comme disait le timide Pierre,
mais pas comme Jean, qui s'endormait sur votre
cœur. Divin repos qui me manque. Que vais-je
chercher dans les créatures? Me faire un oreiller
d'une poitrine humaine, hélas! j'ai vu comme la
mort nous l'ôte. Plutôt m'appuyer, Jésus, sur
votre couronne d'épines (1).

28.

Saint Augustin aujourd'hui, ce saint qui pleurait si tendrement son ami et d'avoir aimé Dieu
si tard. Que je n'aie pas ces deux regrets : oh!
que je n'aie pas cette douleur à deux tran-
chants, qui me fendrait l'âme à la mort. Mourir

(1) On lit transversalement à la marge du manuscrit :
« Une couronne de fleurs dans la Chartreuse de Parme,
« Bordeaux. »

sans amour, c'est mourir en enfer. Amour divin, seul véritable. Les autres ne sont que des ombres.

Accablement, poids de douleurs; essayons de soulever ce mont de tristesse. Que faire? Oh! que l'âme est ignorante! Il faut s'attacher à Dieu, à celui qui soulève et le vaisseau et la mer. Pauvre nacelle, que je suis sur un océan de larmes!

Recueillir chaque jour une pensée. Voici celle d'aujourd'hui : C'est une chose horrible de sentir continuellement s'écouler ce qu'on possède et qu'on puisse s'y attacher, sans avoir envie de chercher s'il n'y a point quelque chose de permanent. — Beaucoup lu, soigné de petits oiseaux qu'on a portés, sans goût, par pitié, toutes mes affections mortes ; toutes, hormis celle que la mort m'a prise.

29.

L'homme est un roseau pensant.

30.

Qu'il faisait bon ce matin dans la vigne, cette vigne aux raisins chasselats que tu aimais. En m'y voyant, en mettant le pied où tu l'avais mis, la tristesse m'a rempli l'âme. Je me suis assise à l'ombre d'un cerisier, et là, pensant au passé, j'ai pleuré. Tout était vert, frais, doré de soleil, admirable à voir. Ces approches d'automne sont belles, la température adoucie, le ciel plus nuagé, des teintes de deuil qui commencent. Tout cela, je l'aime, je m'en savoure l'œil, m'en pénètre jusqu'au cœur, qui tourne aux larmes. *Vu seule,* c'est si triste! Toi, tu vois le ciel! Oh, je ne te plains pas. L'âme doit goûter d'ineffables ravissements,

Se plongeant dans l'extase où fut l'aveugle-né
Quand le jour apparut à son œil étonné.

31.

Quelle différence de ce que je dis à ce que je dirais s'il vivait! Mon Dieu, tout est changé en moi et hors de moi : la mort étend quelque chose de noir sur toutes choses. — Ecrit à Misy sur la mort de son oncle Jules de Roquefeuil, disparu tout jeune de ce monde. De tous côtés des tombes s'ouvrent.

Cet étrange secret dans lequel Dieu s'est retiré, impénétrable à la vue de l'homme, est une grande leçon pour nous porter à la solitude loin de la vue des hommes.

L'homme est ainsi fait qu'à force de lui dire qu'il est un sot, il le croit; et à force de se le dire à soi-même, on le croit.

Dieu a créé l'homme avec deux amours : l'un pour Dieu, l'autre pour lui-même. — Le péché étant arrivé, l'homme a perdu le premier de ces amours; et l'amour pour soi-même étant resté seul dans cette grande âme capable d'un amour infini, cet amour-propre s'est étendu et débordé dans le vide que l'amour de Dieu a laissé.

Il pleut ; cette pluie, qui reverdit prés et bois, tombe sur la terre qui te couvre et dissout tes restes au cimetière, là-bas à Andillac. Qu'on est heureux de penser qu'il y a dans l'homme quelque chose que n'atteint pas la destruction !

Il est des créatures que vous retirez de ce monde pour de légères faiblesses ; c'est par amour et pour leur sauver de nouvelles chutes. — Si on ne savait que cette pensée est de Shakspeare, on la croirait de Fénelon. Oh ! je sais à qui je l'applique.

5 septembre.

Une lettre de Marie, la triste Marie, qui récite tous les jours l'office des morts. Ainsi le cœur de la femme : même en se tournant vers Dieu, il regarde ses affections.

9.

Le découragement me prend pour tout dans la vie. Je ne continuerai pas d'écrire. A quoi bon ce mémorandum ? Pourquoi ? puisque ce ne peut être pour lui ! Quand il vivait, j'avais en lui mon soutien ; j'avais mon plaisir dans la pensée de lui faire plaisir. — Cela ôté, que reste-t-il à ces distractions humaines, lectures, pensées, poésie ? rien que leur valeur, qui n'est rien.

Ecrit à Marie, autre poésie vivante encore. Je lui dis : Croyez que vous êtes aimée du cœur le plus mort.

25.

Encore à Marie.

30.

A mon frère de Paris, le frère de celui de la tombe. Plus d'écriture ici, plus de pensées ; l'illusion n'est plus possible ; à chaque mot, à chaque ligne, je vois qu'il ne me lira pas. Mon Dieu, j'avais tant l'habitude de lui tout dire ; je l'aimais tant ! Le plus grand malheur de la vie, c'est d'en rompre les relations. Oh ! que j'éprouve la vérité de ces mots, qui m'avaient frappée dans un livre aux Coques.

J'ai besoin du Ciel.

Ce n'est pas pour rien que nous nous serons rencontrés dans la vie. Je tâcherai, mon Dieu, de les tourner vers vous.

Je voudrais que le ciel fût tout tendu de noir,
Et qu'un bois de cyprès vint à couvrir la terre ;
Que le jour ne fût plus qu'un soir.

Une gazelle errante
S'abrite en cette tour

Et l'hirondelle y chante,
Y chante nuit et jour.

3 octobre.

Ecrit à Paris. Oh ! quel jour anniversaire de
mon départ l'an dernier ! — Dirai-je ici tous les
souvenirs qui me viennent, larmes, regrets, passé
perdu, sitôt changé en deuil ? — Mon cœur est
plein, il veut pleurer. — Maurice, Maurice, n'est-
ce pas vrai, les pressentiments ? Quand je pense à
ceux qui me tourmentaient dans la route et à Paris
et le jour de la noce, et qui se sont accomplis. Je
rêvais mort; je ne voyais que draperies mortuaires
dans ce salon où l'on dansait, où je dansais dans
ma tristesse, car je voulais écarter ces pensées.

N'est-ce pas temps perdu que de rappeler ces
choses, mon Dieu ! Je suis seule devant vous : je
pourrais mieux faire que de m'affliger. N'êtes-vous
pas là pour mon espérance, pour ma consolation,
pour me faire voir un monde meilleur où est mon
frère.

4.

Je voulais envoyer à son ami deux grenades du grenadier dont il a travaillé le pied quelques jours avant sa mort. Ce fut son dernier mouvement sur la terre.

6.

A l'heure qu'il est, midi, premier dimanche d'octobre, j'étais à Paris, j'étais dans ses bras, place Notre-Dame-des-Victoires. Un an passé, mon Dieu! — Que je fus frappée de sa maigreur, de sa toux, moi qui l'avais rêvé mort dans la route! — Nous allâmes ensemble à St.-Sulpice à la messe à une heure. Aujourd'hui à Lentin, dans la pluie, les poignants souvenirs et la solitude... Mais, mon âme, apaise-toi avec ton Dieu que tu as reçu dans cette petite église. C'est ton frère, ton ami, le bien-aimé souverain que tu ne verras

pas mourir, qui ne te manquera jamais ni en cette
vie ni en l'autre. Consolons-nous dans cette espérance, et qu'en Dieu on retrouve tout ce qu'on
a perdu. Si je pouvais m'en aller en haut ; si je
trouvais dans ma poitrine ce souffle qui vient le
dernier, ce souffle des mourants qui porte l'âme
au ciel. Oh ! je n'aurais pas beaucoup de regrets
à la vie. Mais la vie c'est une épreuve, et la mienne
est-elle assez longue ; ai-je assez souffert ? Quand
on se porte au Calvaire, on voit ce que coûte le
ciel. Oh ! bien des larmes, des déchirements,
des épines, du fiel et du vinaigre. Ai-je goûté de
tout cela ? Mon Dieu, ôtez-moi la plainte, soutenez-
moi dans le silence et la résignation au pied de
la Croix, avec Marie et les femmes qui vous aimèrent.

19.

Trois mois aujourd'hui de cette mort, de cette
séparation. Oh ! la douloureuse date, que néanmoins je veux écrire chaque fois qu'elle reviendra.

Il y a pour moi une si attachante tristesse dans ce retour du 19, que je ne puis le voir sans le marquer dans ma vie, puisque je note ma vie. Eh qu'y mettrai-je maintenant, si je n'y mettais mes larmes, mes souvenirs, mes regrets de ce que j'ai le plus aimé? C'est tout ce qui vous viendra, ô vous qui voulez que je continue ces cahiers, *mon tous les jours* au Cayla. J'allais cesser de le faire, il y avait trop d'amertume à lui parler dans la tombe; mais puisque vous êtes là, frère vivant, et avez plaisir de m'entendre, je continue ma causerie intime; je rattache à vous ce qui restait là, tombé brisé par la mort. *J'écrirai pour vous comme j'écrivais pour lui.* Vous êtes mon frère d'adoption, mon frère de cœur. Il y a là-dedans illusion et réalité, consolation et tristesse : Maurice partout. C'est donc aujourd'hui 19 octobre que je date pour vous et que je marque ce jour comme une époque dans ma vie, ma vie d'isolement, de solitude, d'inconnue qui s'en va vers quelqu'un du monde, vers vous à Paris, comme à peu près, je vous l'ai dit, je crois, si Eustoquie, de son désert de Bethléem, eût écrit

à quelque élégant chevalier romain. Le contraste
est piquant, mais ne m'étonne pas. Quelqu'un,
une femme, me disait qu'à ma place elle serait
bien embarrassée pour vous écrire. Moi, je ne
comprends pas pourquoi je le serais. Rien ne me
gêne avec vous. En vérité, pas plus qu'avec
Maurice, vous m'êtes lui au cœur et à l'intelligence. C'est à ce point de vue que se met notre
intimité.

20.

La belle matinée d'automne! Un air transpa-
rent, un lever du jour radieusement calme, des
nuages en monceaux, du nord au midi, des
nuages d'un éclat, d'une couleur molle et vive,
du coton d'or sur un ciel bleu. C'était beau,
c'était beau! Je regrettais d'être seule à le voir.
J'ai pensé à notre peintre et ami, M. Augier, lui
qui sent si bien et prend sitôt le beau dans son
âme d'artiste. Et puis Maurice et puis vous, je
vous aurais voulu voir tous sous mon ciel du

ayla ; mais devons-nous nous rencontrer jamais
lus sur la terre !

En allant au Posadon, j'ai voulu prendre une
eur très-jolie. Je l'ai laissée pour le retour,
t j'ai passé par un autre chemin. Adieu ma fleur.
Quand j'y reviendrais, où serait-elle ? Une autre
ois je ne laisserai pas mes fleurs en chemin. Que
le fois cependant cela n'arrive-t-il pas dans la
ie ?

Dimanche aujourd'hui. Revu à Andillac cette
ombe toute verdoyante d'herbe. Comme c'est
enu vite, ces plantes ! Comme la vie se hâte sur
a mort, et que c'est triste à notre vue ! Que ce
erait désolant, sans la foi qui nous dit que nous
devons renaître, sortir de ces cimetières où nous
emblons disparus.

24.

Tonnerre, orage, tempête au dehors, mais
calme au dedans, ce calme d'une mer morte,
qui a sa souffrance aussi bien que l'agitation. Le

repos n'est bon qu'en Dieu, ce repos des âmes saintes qui, avant la mort, sont sorties de la vie. Heureux dégagement! Je meurs d'envie de tout ce qui est céleste : c'est qu'ici-bas tout est vil et porte un poids de terre.

Lu quelques pages d'un voyage en Espagne. Singulier peuple de brigands et de moines. Les moines sont tombés, que reste-t-il maintenant? Nous le voyons, des égorgeurs, Don Carlos à Bourges, l'héritier de Ferdinand le Catholique mis hors du trône et du royaume, prisonnier en France. Cette lecture m'intéresse. C'est l'élégant journal d'un voyageur aimable, qui cause en courant, et peint, avec le bon ton et la grâce d'esprit d'un homme du monde, tout ce qu'il rencontre. Les lourdes descriptions m'assomment. J'aime aussi M. de Custine, qui m'amuse, quoiqu'il soit parfois un peu long; mais c'est comme la longueur d'un bal. Puis il vient si peu de livres au Cayla, que, pour peu qu'ils puissent plaire, ils plaisent beaucoup.

22.

Une lettre de Marie, de Marie ma sœur, qui m'a quittée pour quelques jours avec Erembert. Me voici seule avec mon père. Que notre famille est réduite, et je tremble en pensant que le cercle peut encore se rétrécir. Eran n'est pas du tout bien ; Marie me mande que son indisposition l'a repris. C'est plus qu'indisposition, c'est délabrement. Ainsi a commencé l'autre, l'autre frère. Faudra-t-il tous les voir mourir !

Lu quelques passages des Saints Désirs de la Mort, livre pieusement spirituel que j'aime, lecture qui porte au ciel. J'en ai besoin pour mon âme qui tombe, qui s'affaisse sous le poids de la vie. On peut se distraire dans le monde, mais les choses seules de la foi soutiennent. Que je plains les âmes tristes qui ne savent pas cela, ou ne le veulent pas croire. J'en ai tant parlé à Maurice ; j'en parle à tout ce que j'aime, des choses de l'éternité ; car, voyez-vous, je n'aime pas pour ce monde, ce n'est pas la peine : c'est le ciel le lieu de l'amour.

24.

Lecture, ni écriture, ni prière ne peuvent empêcher les larmes aujourd'hui. Mon pauvre Maurice ! Je me suis mise à penser à tout ce qu'il a souffert, physiquement et dans l'âme, les derniers temps de sa vie. Que cette vue est déchirante ! Mon Dieu, ne l'aurez-vous pas soutenu ?

Nulle envie d'écrire depuis deux jours. Si je reprends la plume aujourd'hui, c'est qu'en ouvrant mon portefeuille vert, j'ai vu ce cahier et j'y mets que mon père vient de me remettre un paquet de lettres de son cher Maurice, et de ses cheveux pour les renfermer, ces précieux restes, avec les autres que j'ai. O enterrement ! Écrirai-je ce que je sens, ce que je pense, ce que je souffre ? Je n'écris pas : je ne parlerais que du ciel et d'une tombe, de ces choses qui ne doivent se dire qu'à Dieu.

1er novembre.

Quel anniversaire! J'étais à Paris, assise seule dans le salon devant une table, pensant, comme à présent, à cette fête des Saints. Il vint, Maurice, me trouver, causer un peu d'âme et de cœur, et me donna un cahier de papier avec un Je veux que tu m'écrives là ton tous les jours à Paris. Oh! pauvre ami! je l'ai bien écrit, mais il ne l'a pas lu. Il a été enlevé si subitement, si rapidement, avant d'avoir le temps de rien faire, ce jeune homme né pour tant de choses, ce semblait. Mais Dieu en a disposé autrement que nous ne pensions. Il est de belles âmes dont nous ne devons voir ici que les apparences, et dont l'entière réalisation s'achève ailleurs, dans l'autre vie. Ce monde n'est qu'un lieu de transition, comme les saints l'ont cru, comme l'âme qui pressent le quelqu'autre part le croit aussi. Eh, quel bonheur que tout ne soit pas ici! Impossible, impossible! Si nous finissions à la tombe, le bon Dieu

serait méchant; oui, méchant, de créer pour
quelques jours des créatures malheureuses :
horrible à penser. Rien que les larmes font croire
à l'immortalité. Maurice a fini son temps de souffrance, j'espère, et aujourd'hui je le vois à tout
moment parmi les bienheureux; je me dis qu'il
doit y être, qu'il plaint ceux qu'il voit sur la
terre, qu'il me désire où il est, comme il me dé-
sirait à Paris. Ah ! mon Dieu, ceci me rappelle
que nous étions ensemble à pareil jour l'an dernier; que j'avais un frère, un ami que je ne puis
plus ni voir ni entendre. Plus de rapports après
tant d'intimité ! C'est en ceci que la mort est désolante. Pour le retrouver, cet être aimé et tant
uni au cœur, il faut plonger dans la tombe et
dans l'éternité. Qui n'a pas Dieu avec soi en cet
effroi, que devenir? Que devenez-vous, vous,
ami tant atterré par sa mort, quand votre douleur se tourne vers l'autre monde? Oh ! la foi ne
vous manque pas, sans doute; mais avez-vous
une foi consolante, la foi pieuse? Pensant que
trop que vous ne l'avez pas, je me prends à vous
plaindre amèrement. Les sollicitudes que j'avais

à cet égard pour son âme de frère, se sont toutes portées sur la vôtre, presque aussi chère. Je ne puis pas dire à quel degré je l'aimais, ni auquel je l'aime : c'est quelque chose qui monte vers l'infini, vers Dieu. Là je m'arrête ; à cette pensée s'attache un million de pensées mortes et vives, mais surtout mortes, mon mémorandum, commencé pour lui, continué pour vous au même jour, daté de quelque joie l'an dernier et maintenant tout de larmes. Mon pauvre Maurice, *j'ai été délaissé[e] en une terre où il y a larmes continuelles et continuelles angoisses.*

Le Jour des Morts.

Voilà les feuilles sans sève
Qui tombent sur le gazon ;
Voilà le vent qui s'élève
Et gémit dans le vallon.

. . . .

C'est la saison où tout tombe
Aux coups redoublés des vents :

Un vent qui vient de la tombe
Moissonne aussi les vivants.

Il y a peu d'années nous disions cela ; nous récitions ces vers, Maurice et moi, errant sur des feuilles sèches, le jour des Morts. Mon Dieu, le voilà tombé lui aussi, lui si jeune, le dernier né de la famille, que je comptais bien laisser en ce monde, entouré d'enfants qui m'auraient pleurée comme leur mère. Au lieu de cela, c'est moi qui pleure ; c'est moi qui vois une tombe, où est renfermé tout ce que j'ai eu d'espérance, de bonheur en affection humaine. Oh ! que cela déprend de toutes choses et porte l'âme affligée loin de cette vie, vers le lieu où n'est pas la mort. Prié, pleuré, écrit, rien autre chose aujourd'hui. O terrible fête des morts !

3.

Je vous ai écrit hier, ami de Maurice, toute triste que j'étais. Il n'y a qu'à vous que je puisse parler dans les larmes, comme je l'ai fait dans ma lettre.

A Marie, cela ferait mal, à d'autres sans intérêt, et puis la douleur ne se laisse voir qu'aux intimes.

On nous écrit, on nous demande des environs si Erembert est malade. Un domestique m'a fait la même question ce matin, et cela sans que nous sachions rien du tout; mais *cela* annonce quelque chose. Oh! que je le crains. Il y a dans les tristes événements quelque chose qui les précède, un bruit de malheur qui se répand. Quand Maurice était malade à Paris, nous en souffrions ici avant qu'il l'eût écrit.

5.

Posé mon front sur les mains de mon père posées sur ses genoux. Oh! le doux oreiller! Tout mon cœur s'était porté à ma tête dans ce repos pour en jouir. Mon père est bon, d'une bonté tendre, ardente et pour ainsi dire amoureuse, comme on dit de la bonté divine dont les pères tiennent, et il se fait aimer avec abandon. Je ne lui cache que ce qui pourrait le peiner. Les lettres de Marie, les vôtres, je lui fais tout voir.

J'hésite pourtant encore à lui montrer mes cahiers, à cause de ce fond de vie quelquefois triste
qui s'y trouve, et dans ceux de Paris les choses
qui s'y sont passées en famille, qu'il sait, mais
non ce que j'en ai souffert. Vous le savez déjà, et
puis on peut avec moins de risques se montrer
jusqu'aux larmes aux frères dont l'âge ne demande pas ces ménagements.

Une visite, un curé du voisinage qui m'a fait
plaisir. La vue d'un prêtre, quand il est bon, est
bonne aux affligés, et celui-ci est de ceux à qui
les saints tireraient leur chapeau. Il nous a parlé
de sa petite église, de sa petite paroisse, de ses
petites croix, et, de l'un à l'autre, nous a menés
à une heure de conversation que j'ai trouvée
courte. En trouve-t-on autant dans le monde?
Plus d'une fois, dans un salon, il m'est arrivé de
bâiller dans mon mouchoir. Ce n'est pas tant
l'esprit ni ce qu'on dit qui attache, qu'une certaine façon de dire (1).

(1) On lit transversalement au haut de la marge du manuscrit : « Un cercueil volant. »

Le facteur! des lettres! Oh! sait-on ce que c'est que des lettres à la campagne? Ces chers absents qui vous reviennent en cœur et en âme. Que ne peut-on écrire au ciel! C'est Marie, ma sœur, qui me mande des nouvelles, qui ne me dit pas qu'Erembert soit malade comme on dit ici; mais je crois pourtant qu'il y a quelque chose. Ces tristes renommées ne *(sic)*.

Le 6.

Un enfant est venu m'apporter un oiseau mort qu'il avait pris sous une pierre. Pauvre oiseau! Je suis à penser comme cette jolie petite vie d'indépendance, de chants, tout aérienne, a été atteinte comme une autre, est tombée sous ce trébuchet de la mort où tout tombe.

Je n'ai pas écrit hier et n'écrirai pas de suite. Que feriez-vous de trois cent soixante-six de mes jours presque uniformes, à voir, un an durant, passer des flots pareils. La diversion fait l'intérêt des yeux et de l'esprit, car nous ne nous plaisons qu'en curiosité. Où il n'y a pas de nouveau, on s'ennuie. Il y a eu tels jours d'immobilité où j'ai souhaité la foudre. Que serait donc pour vous mon calme perpétuel? car, excepté ce qui me vient du cœur ou monte à la tête, rien ne fait mouvement dans ma vie. Dans ce moment, je rentre d'une petite promenade au soleil, et rien ne bouge autour de moi, que quelques mouches qui bourdonnent à l'air chaud. Seule au grand monastère désert. Ce profond et complet isolement me fait vivre une heure comme ont vécu des années les ermites, hommes et femmes, ces âmes retirées du monde. Sans soins matériels, sans parole qu'intérieure, sans sentiments que d'intelligence, sans vie que celle de l'âme : il y a dans ce dégagement une liberté pleine de jouissances, un bonheur inconnu, que je crois bien que pour faire durer on puisse aller cacher à cent lieues du désert. Aussi en était-il qui quittaient la cour pour cela, comme saint Arsène et tant d'autres qui, ayant goûté des deux, ne voulurent pas retourner au monde. C'est que le monde ne contente pas l'âme; il l'amuse et ne la fait pas

vivre : c'est ce qu'on sent pour peu qu'on avance
en âge, quand le cœur se déprend des illusions
comme il s'y était pris de lui-même. On se trouve
tout étonné et triste près du vide que font les
plaisirs en se retirant. Que devenir alors ? La foi
l'enseigne, le chrétien le sait. Mon pauvre Maurice, que de fois je lui parlais ainsi, lui demandant s'il le trouvait vrai, et il ne me disait pas
non. Je ne hais pas le monde néanmoins ; je sais
y vivre et m'en passer, et je plains ceux qui sont
ou ses esclaves ou ses fidèles, ses malheureux ou
ses fous. Voilà certes ce que je ne pensais pas écrire
en revenant du soleil ; mais voilà où la solitude
me mène, à l'aimer et à en parler, et cela avec
vous, ami du monde. Il faut bien que vous vous
soyez fait mon frère. A un frère on dit tout ce
qui vient en pensée. Je ne sais si vous vous plairez
aux miennes. J'ai parfois douté si je n'ennuyais
pas Maurice ; mais écartant bientôt le doute (que
pour rien je ne puis souffrir), j'écrivais en pleine
foi lettres et cahiers qu'il aimait. Je l'ai su, bien
su ce qui lui venait de son amitié pour moi. Cher
ami ! que je pense à lui aujourd'hui ; que ce matin

vivre : c'est ce qu'on sent pour peu qu'on avance en âge, quand le cœur se déprend des illusions comme il s'y était pris de lui-même. On se trouve tout étonné et triste près du vide que font les plaisirs en se retirant. Que devenir alors? La foi l'enseigne, le chrétien le sait. Mon pauvre Maurice, que de fois je lui parlais ainsi, lui demandant s'il le trouvait vrai, et il ne me disait pas non. Je ne hais pas le monde néanmoins; je sais y vivre et m'en passer, et je plains ceux qui sont ou ses esclaves ou ses fidèles, ses malheureux ou ses fous. Voilà certes ce que je ne pensais pas écrire en revenant du soleil; mais voilà où la solitude me mène, à l'aimer et à en parler, et cela avec vous, ami du monde. Il faut bien que vous vous soyez fait mon frère. A un frère on dit tout ce qui vient en pensée. Je ne sais si vous vous plairez aux miennes. J'ai parfois douté si je n'ennuyais pas Maurice; mais écartant bientôt le doute (que pour rien je ne puis souffrir), j'écrivais en pleine foi lettres et cahiers qu'il aimait. Je l'ai su, bien su ce qui lui venait de son amitié pour moi. Cher ami! que je pense à lui aujourd'hui; que ce matin chapitre de l'Imitation qui m'avait troublée. Il m'a calmée et fait voir que je prenais les choses dans un sens trop exclusif, que ma lecture pieuse s'appliquait aux personnes des cloîtres et non à celles qui sont dans le monde. Grâce à mon père, je puis donc garder sans crainte toutes mes affections; car, après des élans de cœur, je me retire effrayée, craignant d'aimer trop. Si le cœur s'employait ici, il n'y en aurait pas pour le ciel. Je veux porter ce qui aime dans l'autre vie.

10.

Caroline nous a écrit après un assez long silence, assez long pour me donner le temps de croire à un oubli. J'en avais de la peine; malgré le passé, je voudrais un avenir sinon d'amitié, du moins de bienveillance avec cette jeune femme, cette femme de mon frère. Ce titre l'attache tant à mon cœur! Je serais sensiblement affectée si je la voyais se détacher entièrement. Sa lettre est bonne, marquée d'intérêt; j'en suis contente.

Pauvre chère veuve, que je voudrais pouvoir l'embrasser en ce moment ! Je la regarde comme une sœur, comme une sœur qui se trompe. Il ne faut pas lui en vouloir, elle ne croit pas se tromper.

Demain matin, après l'aurore, je m'achemine chez des parents à deux lieues d'ici. Journée perdue pour écrire et pour ma vie d'habitude ; mais je reviendrai peut-être avec quelque chose de neuf, comme font les touristes, qui ont tous vu de l'extraordinaire où qu'ils aillent.

12.

Il fut un temps où je décrivais avec charme les moindres petites choses. Quatre pas dehors, une course au soleil à travers champs ou dans les bois, me laissait beaucoup à dire. Est-ce parce que je disais à Lui, et que le cœur fournit abondamment ! Je ne sais, mais n'ayant plus le plaisir de lui faire plaisir, ce que je vois n'offre pas l'intérêt que j'y trouvais jadis. Cependant rien au dehors n'est changé, c'est donc moi au dedans. Tout me devient d'une même couleur triste, toutes mes pensées tournent à la mort. Ni envie ni pouvoir d'écrire. Qu'écrirai-je d'ailleurs qui vous fût bon, à vous à qui je voudrais tant de bien, à qui il est difficile d'en faire ?

Trouvé dans un livre une feuille de rose flétrie, qui sait depuis quand ! Je me le demande en revenant sur les printemps passés, sur les jours et les lieux où cette rose a fleuri; mais rien ne revient de ces choses perdues. Ce n'est pas un malheur d'être une fleur sans date. Tout ce qui prend mystère a du charme. Cette feuille dans ce livre m'intéresse plus qu'elle n'eût pu faire sur sa rose et son rosier. J'en ai quitté de lire. Pour peu qu'on ait l'âme réfléchissante, il y a de quoi s'arrêter à chaque instant et se mettre en pensée sur ce qui se présente dans la vie.

Le front sur une fleur, je pensais à la tombe.

La pensée de la mort, de Dieu et de ceux que j'aime ne me quitte pas.

4

14.

Revenue encore à ma solitude complète. Mon père est allé chercher quelques livres dans une bibliothèque voisine. Je ne sais ce qu'il portera. J'ai demandé Notre-Dame de Paris, que jusqu'ici je n'avais pas voulu lire. Pourquoi le lirai-je à présent? C'est que je me sens le cœur assez mort pour que rien ne lui puisse nuire; qu'on dit qu'il y a des beautés là-dedans que j'ai envie de connaître, et qu'un homme de Dieu qui a du crédit sur moi m'a dit que je pouvais faire cette lecture, et que le mal est annulé par la façon de le voir. Le Diable même, quand il déplaît, que peut-il? Le rencontrer n'est pas le prendre. Peut-être serait-il mieux de rester dans l'ignorance de tout livre et de toute chose; mais je ne me soucie pas non plus de savoir. Ce n'est pas pour m'instruire, c'est pour m'élever que je lis; tout m'est échelle pour le ciel, même ce petit cahier que j'attache à une pensée céleste. Dieu la connaît. Quand Dieu ne verrait pas tout, je lui ferais tout voir. Je ne saurais me passer de l'approbation divine en ma vie et mes affections, mais peu m'enquiers de celle des hommes, encore moins des femmes (1).

15.

Mon Dieu, mon Dieu, quel jour! le jour de son mariage. A pareille heure, un an passé, nous étions à l'Abbaye-aux-Bois, lui, vous, moi, moi à côté de lui. Je viens d'une église aussi, et d'auprès de lui sur sa tombe.

16.

Plus rien mis hier après ces lignes. Il est des sentiments qui dépassent toute expression. Dieu

(1) Ce qui suit a été effacé dans le manuscrit après le mot *femmes*: « plus mauvais juges qu'eux. Vous « avez, Monsieur, une amie fort indépendante. »

sait dans quel abîme j'étais plongée et accablée des souvenances de noces. C'était lui et sa belle fiancée agenouillés devant l'autel, le père Buquet les bénissant et leur parlant d'avenir, la foule assistante, le chant de l'orgue, cette quête pour les pauvres où j'avais quelque embarras, la signature à la sacristie, tant de témoins de ce brillant contrat avec la mort. — La rencontre dehors d'un char funèbre ; le déjeuner à côté de vous où vous me disiez : que votre frère est beau ! où nous parlâmes tant de sa vie -- la soirée, le bal où je dansai pour la première et dernière fois. Je dois à Maurice des choses uniques. Le plaisir de lui voir l'air content, d'être à sa fête, et au fond de cette joie des serrements de cœur, et cette horrible vision des cercueils autour du salon --- posée (sic) sur ces tabourets longs et drapés à franges d'argent. Oh ! que je fus glacée au sortir de leur chambre, en toilette avec des fleurs pour le bal, que cela me vint. J'en fermai les yeux. Journée, soirée si diversement mémorables, date de tant de douleurs, je n'en puis ôter mon âme. Je m'enfonce en toutes ces choses, et quand je songe à tout ce que j'avais mis de bonheur dans un être qui n'est plus maintenant qu'en souvenir, j'en éprouve une inénarrable tristesse, et j'en apprends à ne faire fond sur aucune vie ni sur rien. Il y a un cercueil entre le monde et moi; c'est fini du peu qui m'y pouvait plaire. J'ai des liens de cœur, plus aucun de bonheur, de fête. Maurice et moi nous nous tenions intérieurement par des rubans roses. Tout m'était riant en lui, tout me plaisait, jusqu'aux peines : mon Dieu, mon Dieu, avoir perdu cela! que voulez-vous que j'aime à présent?

17.

Belle journée radieuse, chaleureuse, un plein air de soleil. Cela ravive, fait du bien, tant à sentir qu'à jouir, qu'à admirer. Quoiqu'à présent je m'informe beaucoup moins de l'état du ciel qu'hélas! il y a quelques mois, du temps du malade, je vois avec plaisir un beau jour, la seule jolie chose à voir à la campagne en novembre.

Ah ! hier au soir, belle surprise aussi de votre lettre. Je ne l'attendais pas sitôt, ni presque si aimable, quoique ce ne soit pas surprenant ; mais toute distinction qui me touche me surprend toujours un peu. Je ne sais à quoi cela tient. Puis j'ai trouvé dans cette lettre des choses qui m'ont affligée, de ces chagrins chrétiens de l'âme pour une pauvre âme de frère, pour quelqu'un qui dit : *Je ne prie pas*. Dieu sait là-dessus ce que je pense, ce que je souffre. J'ai l'intérêt de la vie future de ceux que j'aime et qui n'y croient pas, tant en croyance et tant à cœur, que pour le leur procurer je souffrirais avec joie le martyre. Ceci n'est pas une exagération, mais bien pris dans toute la raison et le sentiment de la foi. — Erembert, Marie qui arrivent !

Ici se trouve une autre époque douloureuse : Erembert malade, un autre frère mourant qu'une autre sœur ramène au Cayla. Frappante analogie de malheur !

28.

Laissé enfermé depuis quinze jours. Que de choses dans cette lacune qui ne seront nulle part, pas même ici... Repris pour noter une lettre de Marie, ma belle amie, qui tremble de me croire malade. Hélas ! non, je ne souffre pas dans mon corps. Oh ! que je trouve inutile d'écrire.

4 décembre.

Le malade se trouve mieux, se relève lentement, mais se relève.

10.

Enfin pourrai-je écrire ? Que de fois j'ai pris la plume depuis huit jours, et la plume m'est tombée des doigts sans rien faire. Il y a eu tant de trislesse dans mon âme, tant de secousses dans mon être. O Dieu ! je semblais toucher à ma fin, à une sorte d'anéantissement moral. Que cet état est terrible ! Rien n'apaise, rien ne soutient : travail, repos, livres, hommes, tout est à dégoût. On voudrait mourir. Dans cette lutte, l'âme sans foi serait perdue, oh ! perdue si Dieu ne se montre ; mais il ne manque pas, mais quelque chose d'inattendu vient d'en haut. J'ai trouvé dans les paroles d'un prêtre (encore un ami de Maurice !) un secours inespéré, un apaisement, un calme, un baume religieux qui me fait sentir la foi dans ce qu'elle a de plus doux et de plus fort, la puissance de consolation. De moi-même souvent je ne puis pas y atteindre. Ce sont des efforts qui me fatiguent, me brisent. Nous sommes trop petits pour les choses du ciel. Le besoin d'un médiateur se fait sentir en nous-mêmes. Entre Dieu et l'homme, Jésus-Christ. Entre Jésus-Christ et nous, le prêtre, celui qui met l'Evangile à la portée d'un chacun. Aux uns il faut les menaces, aux autres les espérances : à moi, il me faut l'amour, l'amour de Dieu, l'unique véritable.

Dès qu'on me remet là, dès que j'y suis en plein, je cesse de souffrir de souffrances désespérées. Que béni soit le saint prêtre, l'ami du frère qui a consolé la sœur! C'est parce qu'il a connu Maurice que je suis allée le trouver, que j'ai pensé qu'il me connaîtrait plutôt qu'un autre. Je ne me suis pas trompée; en effet, il m'a comprise. Il a connaissance du cœur et des agonies de l'âme et des tristesses jusqu'à la mort, et il vous soutient, cet ange... Qui m'eût dit, il y a dix ans, quand ils étaient au collége, que cet enfant saurait mes douleurs, que je les lui confierais, qu'il les apaiserait par des paroles comme je n'en ai pas entendu, paroles divines que j'irai de temps en temps écouter quoique ce soit un peu loin d'ici. Quand je souffrirai trop, je ferai ce pélerinage. Frère de cœur, vous me voyez toute ici jusqu'à l'intime, au fond de l'être, comme voyait Maurice. Peut-être ne lirez-vous ceci qu'après ma mort, et alors vous trouverez moins incomprenable, moins étrange pour vous, ce qui se passait en cette pauvre anachorète pendant sa vie, ce qu'elle vous contait de son âme.

13.

Avant de sortir d'ici, de ma chambre, je veux
dire à ce cher mémorandum que vous me priee
de continuer, que je viens de lire une de vos
lettres, lettre de frère et d'ami, toute franche
d'affection et d'épanchement, où ces mots surtout m'ont touchée : *Je veux que vous ayez le
fil de mon âme, je veux que vous puissiez vous
dire ma sœur de prédestination autant que
d'adoption volontaire et réfléchie...* Je me saisis
de cela, et j'en forme de vous à moi, de ce *fil de
votre âme*, un nœud qui ne se détachera pas.
Prié pour Paula. Pauvre âme de jeune fille, où
est-elle? Cette mort qui vous l'a prise, où l'aura-
t-elle portée? Il est plusieurs demeures dans
l'autre monde, et moi je tremble pour ceux qui
partent, qui meurent dans la jeunesse si passion-
neuse, si fautive. Je ne connaissais pas Paula,
mais un mot de vous me fait craindre, et puis
qui sait comment elle vous était liée, cette enfant

qui vous était attachée plus qu'âme vivante. Mais laissons-la, aussi bien est-il de ne penser pas à mal sur personne.

14.

Lettre à Marie pour ce que vous me demandez d'elle. Ni lu ni rien fait qu'écrire. La pensée renaît et coule, source arrêtée par un cercueil, mais le flot a passé dessus. Je reprendrai ici mon cours, tantôt torrent, tantôt filet d'eau, suivant ce qui vient à l'âme. La nuit me sort d'ici et de ma chambrette, où j'ai passé tout un jour en calme et en solitude. C'est singulier comme je l'aime, cet à part de tout.

15.

En revenant de la messe (il est dimanche), j'ai fait chemin avec une femme qui me contait ses souffrances. Pauvre meunière ! entourée de huit

enfants, toute dévorée d'affections, et qui néanmoins en pleure une, pleure toujours sa mère
qui lui manque. Je la cherche partout, me disait-
elle, et la nuit j'en rêve et je sens qu'elle me
caresse. Il y a dans cette douleur et dans cette
façon de sentir, une tendresse infinie, une expression du cœur de la femme qui plaît tant au
naturel, ce qui ne se voit peut-être pas si bien
dans le monde que dans ces pauvres femmes des
champs. Ici telles *(sic)* qu'on est, ailleurs comme
on se fait sous les façonneries de l'éducation, des
coutumes, de la vanité. Tout est superficie dans
le monde. En vérité, et dans peu de temps j'ai vu
bien des comédies de salon. On me l'avait dit,
mais je n'aurais pas cru Paris ce qu'il est, car
c'est à Paris seulement qu'on voit la société en
grand, en corps. Nous n'en avons en province
que des bouts de doigts, des fragments, qui ne
peuvent donner des idées complètes. Ma pauvre
meunière m'a fait voir entièrement ce qu'il y a pour
moi de plus doux, un cœur de femme dans sa
sensibilité naturelle.

16.

Marie, Marie, vous m'écrivez trop de choses, vous m'avez trop remuée. Personne n'a eu comme cette femme tant d'influence sur ma vie, depuis deux ans que date notre liaison. Tout ce qui la remue m'agite.

19.

Depuis deux jours au silence ; mais le retour de cette date de mort ne se passe pas sans parole, sans le *memento* du trépassé. Comme la meunière, je puis dire que toujours j'y pense et le cherche, et que je souffre de cette affection qui me manque. Cette nuit j'ai achevé un cantique pour lui, que j'ai mis sur le compte de sainte Thérèse pour un frère qu'elle avait. Vous verrez cela, vous, à qui va de moi tout ce qui allait à Maurice. Ah ! faut-il que tout passe par son cercueil maintenant? Cette pensée, vous le dirai-je, m'assombrit tellement l'âme qu'aucune chose ne me fait plaisir, que ce cahier même que j'aurais écrit toute jubilante pour lui et que j'aime à faire pour vous, je le fais avec peine et tristement comme qui bâtit sur un cimetière. Ecrit ceci aux splendeurs du soleil, sous le ciel le plus gai, le plus bleu, le plus printanier en décembre. Par cela je pense à celui de Paris, ce *gris de fer* que vous voyez, qui vous déplaît et vous fait tant de mal à l'âme. C'est bien fort pour un homme fort comme vous, pour un être fort comme l'homme, d'être abattu par un peu d'air. Ce temps si démoralisant, dites-vous. N'y a-t-il pas moyen d'échapper à ces influences d'atmosphère ou de les écarter du moins? Trop grande question pour être traitée au Cayla, où, pour se préserver du temps, on pense à l'éternité comme les pauvres ermites. Je ne saurais vous dire l'influence heureuse qu'ont sur moi les hautes pensées de la foi. Bienheureuse d'avoir cette assistance bénigne ! car souvent aussi un peu d'air me fait mal.

Deux visites: je les note parce que c'est rare à

présent dans notre désert, et qu'il s'y trouvait un homme admirablement laid, un Pélisson, un visage marqueté, gravé, tout difforme et dont l'âme efface les traits. Au premier regard il choque, au second il plaît, au troisième il attire. Que l'intelligence fait plaisir et relève cette face de chair de l'homme.

20.

Lettre de Caroline avec un dessin de Maurice mort, pas ressemblant du tout. Sa mémoire l'a mal servie, la pauvre veuve, ou plutôt je crois que son crayon n'est pas capable de rendre son souvenir, de saisir d'une prise assez forte cette grande image dans son âme. Que n'ai-je aussi un crayon. Je ne ferais pas mieux peut-être, mais du moins j'essaierais. Celle qui dessina son ami sur un mur, cette femme qui inventa, dit-on, la peinture, n'avait sans doute d'autre talent que son amour. Que de fois je vois une ombre que je voudrais fixer quelque part! *Quoi! tout entier perdu!* Je vous écrirai demain.

22.

De la mort à la vie, de l'un à l'autre frère.
J'écrivais une poésie funéraire. Du temps que la
feuille sèche, n'ayant pas de poudre, je passe
ici, j'y viens marquer un jour des plus doucement
calmes que j'ai passés de long-temps. Oh! le grand
bien que la paix au dehors, au dedans. La paix,
ce grand vœu du pauvre Maurice dans ses derniers jours troublés. O paix, le cher objet de mon
cœur! O Dieu, qui êtes ma paix, qui me mettez en
paix avec nous-mêmes *(sic)*, avec tout le monde,
qui par ce moyen pacifiez le ciel et la terre! Quand
sera-ce, mon Dieu, quand sera-ce que, par la
tranquillité de ma conscience, par une douce
confiance en votre faveur, par un entier acquies-
cement ou plutôt un attachement, une complai-
sance pour vos éternelles volontés dans tous les
événements de la vie, je posséderai cette paix
qui est en vous, qui vient de vous, et que vous
êtes vous-même?

J'ai toujours trouvé cette exclamation, cette prière fort belle. Oh! ces choses religieuses, j'y suis toujours. Ce sont les seules que je crois et presque que j'aime. Hors cela, tout m'attriste toujours à la mort. Un coup-d'œil au ciel me ranime, me rattache à ce qui se délaisse en moi.

> Oh! laissez-moi ma foi pieuse
> Et l'espérance radieuse.

24.

Ecrit sans fin hier, aujourd'hui : maintenant rentrons, toi, mon cahier, dans ton portefeuille, toi, mon âme, en toi-même ou plutôt en Dieu, aux doux mystères du Sauveur. C'est la veille de Noël. J'entends les cloches de tous nos clochers qui sonnent *nadolet*, chant joyeux que quinze jours avant la fête on entend dans l'air du pays, le soir à trois heures et à neuf.

28.

C'est étonnant le beau ciel que nous avons cet hiver! J'en jouis en me promenant, en respirant au soleil un air qui fait ouvrir les fleurs. Les amandiers bourgeonnent, mon lilas de la terrasse est tout couvert de boutons. Tant de printemps fait bien plaisir en hiver; mais tout en m'y plaisant, j'y trouve une tristesse, un regret de n'avoir pas eu cette douceur de temps l'an dernier pour notre pauvre malade. Peut-être il aurait vécu davantage, se serait guéri dans cette douce chaleur, car l'air fait la vie. L'air de Paris l'a tué, je le crois, je le savais et je ne pouvais pas le tirer de là. Ç'a été une de mes plus profondes souffrances de ce passé dont j'ai tant souffert. Pauvre frère, tout m'est pente pour tomber à lui, tout m'y ramène. Voyez, je voulais parler du soleil, mais le voilà bien éclipsé de noir. Ainsi tout tourne au deuil quoi que je touche, même votre souvenir si fort lié à une tombe. C'est ce qui me le rend si différent de tout ce qui me va au cœur ; il prend quelque chose des reliques. Vous êtes à part en moi. Quand je considère notre liaison et ce qui l'a amenée, tant d'événements, tant de choses pour me sortir du désert, et notre rencontre en Babylone, dans ce Paris dont j'étais si loin ; quand je m'y vois si étrangère et sitôt connue, sitôt comprise et sœur de vous homme du monde, de vous prenant sœur à vos antipodes, trouvant amie de choix, lien de vie dans la vie la plus opposée à la vôtre : oh ! je dis qu'il y a merveilleuse chose en cela, mystère de providence dans cet attachement qui ne ressemble à aucun. Je tiens à vous par quelque chose du ciel, par prédestination, comme vous avez dit. Dieu sait pourquoi et dans quel dessein il nous a unis d'amitié. Oh ! que je veux votre bonheur, à commencer par celui du ciel. Je doute d'y pouvoir grand'chose, car je vous crois difficile en bonheur. Et que peut être pour vous une pauvre femme mi-sortie de ce monde, mi-morte, qui ne sent plus rien que par le côté religieux ? Vous ne l'êtes pas, mon ami. Cette différence qui m'afflige pourrait bien vous ennuyer, dans nos rapports, et alors les voilà changés, délaissés. Peut-être je vous juge mal.

Trouvé dans le bois une fleur que j'ai prise et mise ici en souvenir du printemps de décembre. C'est une marguerite des bois, qui plaisait à ma mère et que j'aime pour cela. Nos affections naissent l'une de l'autre.

31 décembre.

Ce dernier jour de l'an ne se passera pas comme un autre : il est trop plein, trop solennel et touchant comme tout ce qui prend fin, trop près de l'éternité pour ne pas m'affecter l'âme, oh ! bien profondément. Quel jour, en effet, quelle année qui me laisse, en s'en allant, tant d'événements, tant de séparations, tant de perte, tant de larmes et un cercueil sur le cœur ! Un de moins parmi nous, un vide dans le cercle de famille, dans celui de mes affections. Voilà ce que le temps nous fait voir. *Ainsi finit une année.* Hélas, hélas ! la vie s'avance comme l'eau, comme ce

ruisseau que j'entends couler sous ma fenêtre,
qui s'élargit à mesure que ses bords tombent.
Que de bords tombés dans mes jours étendus ! Ma
première perte fut ma mère, dont la mort me
vint entre l'enfance et la jeunesse et mit ainsi
des larmes entre les deux âges. De vive et rieuse
que j'étais, je devins pensive, recueillie, ma vie
changea tout à coup, ce fut une fleur renversée
dans un cercueil. De cette époque date un développement dans la foi, un élan religieux, un
amour de Dieu qui me ravissait par delà toutes
choses et qui m'a laissé ce qui me soutient à
présent, un espoir en Dieu qui m'a consolée de
bonne heure. Puis je vis mourir un cousin, un
ami tendrement aimé, le charme de mon enfance,
qui me prenait sur ses genoux, m'enseignait à
lire sans me faire pleurer, me disait des contes.
Plus grande, je m'en fis un frère aîné ; je lui
confiai Maurice quand il s'en fut à Paris. Mon
cousin était garde du corps. Il est dit que j'aurai
toujours des frères à Paris et que toujours ils y
mourront. Celui-ci s'en alla au cimetière de Ver-
sailles en 1829. Je n'étais plus enfant, je m'en-

fonçai dans les tombes ; deux ou trois ans durant je ne pensai qu'à la mort et presque qu'à mourir. Mon pauvre Victor auquel ressemblait Maurice ! Oh ! j'avais bien craint qu'ils se ressembleraient jusqu'au bout. Tous deux si jeunes, tous deux morts, tous deux tués à Paris. Mon Dieu ! ce sont terribles choses et poignants souvenirs que ces morts l'une sur l'autre. Voilà de quoi je me souviens aujourd'hui en foule. Je ne vois que des trépassés : ma mère, Victor, Philibert de l'Ile de France, Marie de Bretagne, Lily d'Alby, Laure de Boisset, toutes affections plus ou moins près du cœur, et maintenant celle qui les couvrait toutes, le cœur du cœur, Maurice mort aussi ! Quels passagers rapides nous sommes, mon Dieu ! Oh, que ce monde est court ! La terre n'est qu'un pas de transition. Ils m'attendent là-haut. C'est dans ces funérailles que je finis ma journée, ma dernière écriture, mes dernières pensées que je vous laisse comme je les laissais à pareil jour et moment l'an dernier à ce pauvre frère. Je lui écrivais de Nevers, encore assez près de Paris et de lui. Oh, que la mort nous sépare ! Que lui

adresser où il est, que des prières. C'est à cela
que je vais penser. La prière, c'est la rosée en
purgatoire. Si sa pauvre [âme] y souffrait ! Bon
soir à vous qui le remplacez sur la terre. Je ne
puis vous rien dire de plus en amitié. Je vous
le dis devant Dieu et devant lui, qu'il me semble
voir à mon côté souriant à cette adoption de son
frère.

1ᵉʳ janvier.

Que m'arrivera-t-il, ô mon Dieu, cette année?
Je n'en sais rien, et, quand je le pourrais, je ne
voudrais pas soulever le rideau de l'avenir. Ce qui
s'y cache serait peut-être trop effrayant : pour
soutenir la vue des choses futures, il faut être
saint ou prophète. Je regarde comme un bienfait
de providence de ne voir pas plus loin qu'un jour,
que l'instant qu'on touche. Si nous n'étions pas
ainsi bornés par le présent, où ne s'en irait pas
l'âme en appréhensions, en douleurs tant pour
soi que pour ce qu'on aime. Que ne fait point

sentir et souffrir le seul pressentiment, cette
ombre de l'avenir, quand elle nous passe sur
l'âme! Dans ce moment, je suis sans crainte,
sans émotion pour personne, mon année se commence en confiance pour ceux que j'aime. Mon
père est bien portant, Erembert se relève, Marie
a toujours ses joues de pomme vermeille, et
l'autre Marie, l'amie de mes larmes, la femme
de douleurs se soutient avec plus de forces.
De tout cela grâce à Dieu, que je prie de bénir
et conserver ceux que j'aime. Les chrétiens
vont chercher leurs étrennes au ciel, et je me
tourne pour vous de ce côté, tandis que vous
allez dans le monde, dans les beaux salons de
Paris, offrir dragées et compliments. Si j'étais là
peut-être j'aurais les miennes, peut-être aurai-je
une pensée, un souvenir de ce frère à qui Maurice m'a laissée pour sœur. Que le ciel est beau,
ce ciel d'hiver! — Une lettre de Louise, douce
étrenne de cœur, mais rien ne me fait plus grand
plaisir, rien de ce qui me vient ne peut me consoler de ce qui me manque. En embrassant mon
père ce matin, ce pauvre père qui, pour la pre-

mière fois, à la première année, n'embrassait pas tous ses enfants, j'étais bien triste. J'ai cru voir Jacob quand il lui manqua Joseph.

Ici mes premières pensées écrites, ma première date [de] 1840, qui se lie par un crêpe à 1839 et à vous.

2.

Je me sauve ici de l'ennui des lettres de premier de l'an que j'ai à faire. L'ennuyeuse coutume de se faire des compliments tout un jour, d'en envoyer au loin! Mon paresseux d'esprit, qui aime mieux rêvailler que travailler, ne s'empresse guère à ces compositions louangeuses. Au demeurant, on le fait parce qu'il faut le faire, mais en raccourci, avec seulement quelques mots d'époque, de vœux au commencement ou à la fin. Le monde, ceux du monde sont habiles en cela, en parler flatteur et joli, non pas moi, je ne me sens aucune facilité de parole dorée, brillante, de ce clinquant de bouche qui se voit dans le monde. *Dans le désert on n'apprend qu'à penser.* Je disais à Maurice, quand il me parlait de Paris, que je n'en comprendrais pas la langue. Et cependant il y en a que j'ai entendus. Certaines âmes de tous les lieux se comprennent. Cela me fait croire ce qu'on dit des saints, qui communiquent avec les anges quoique de nature différente. L'une monte, l'autre s'incline, et ainsi se fait la rencontre, ainsi le Fils de Dieu est descendu parmi nous. Voilà qui me rappelle ce passage de l'abbé Gerbet dans un de ses livres que j'aime : *On dirait que la création repose sur un plan incliné, de telle sorte que tous les êtres se penchent vers ceux qui sont au-dessous d'eux pour les aimer et en être aimés.* Maurice m'avait fait remarquer cette pensée que nous trouvions charmante. Cher ami, qui sait s'il ne se penche pas vers moi maintenant ! vers vous, vers ceux qu'il aimait pour les attirer à ce haut rang où il est, pour nous soulever de terre au ciel ! N'est-il pas croyable que ceux qui nous devancent dans les splendeurs de la vie nous prennent en pitié et nous envoient par amour quelqu'attrait vers l'autre monde, quelque lueur de foi, quelqu'éclat de lumière qui n'avait pas lui dans l'âme. Si je demeurais près d'un roi et que vous fussiez en prison, assurément je vous enverrais tout ce que je pourrais de la cour. Ainsi dans l'ordre céleste, où nos affections nous suivent sans doute, et se divinisent et participent de l'amour de Dieu pour les hommes.

4.

Du monde au salon que je laisse pour venir un moment devant Dieu et ici me reposer. Oh! quelle lassitude aujourd'hui dans l'âme, mais je ne me lasse pas de la porter ici. Ce m'est comme une église où l'on entre avec calme. Des lettres! des lettres et pas une qui aille au portefeuille vert où vont celles que j'aime, celles qui sont miennes par l'intime. Marie ne peut pas tarder. Je l'ai tant pressée pour l'affaire de Mme de Vaux. Quand je dois obliger, j'aime de le faire vite. Deux lettres

sont donc parties, pour vous, pour les Coques du
temps — Il faut que je sorte d'ici.

6.

Du temps qu'il semblait que je demeurais pour
vous au silence. Je reprends mon fil coupé d'hier,
qui se liait à cette boîte aux lettres d'Andillac qui
vous a gardé en quarantaine de deux jours la dernière que je vous ai adressée. Dans ce temps vous
l'auriez eue à ce Port-Mahon où vous sont débar-
qués sans doute d'autres souvenirs moins pressés
d'arriver que les miens. Que cette boîte d'Andillac
sait peu ce qu'elle renferme ! Elle est placée près
de l'église, à côté du cimetière, et je trouve qu'il
est bien là, ce reposoir du cœur ou d'affaires humaines, de tant de choses qui ne prennent cours
qu'après s'être arrêtées près de Dieu. Ce peut
avoir de très-heureux effets, et telle main portant
de mauvais papiers se retirer à la pensée de ce
lieu pieux. Qui oserait faire le mal à la porte
d'une église pour peu qu'il ait de foi? Cette boîte

au mur béni pourrait donc en retenir plusieurs de mal intentionnés en écriture, comme c'est assez commun, même dans nos campagnes où le savoir écrire est venu. Du petit au grand le choix moral en toute choses aurait plus de portée qu'on ne pense. Quant à moi, lorsque je jette là mes chères correspondances, je sens qu'il me faut pouvoir dire à la garde de Dieu. J'écris à beaucoup de monde, ayant, je ne sais comment, des relations très-étendues. Il s'est élevé autour de nous une plantation de cousines, jeunes filles toutes aimantes et causantes, toutes liées à nous de cœur et d'esprit, de sorte qu'il me faut répondre à toutes ces causeries. Puis Louise la voix du cœur, Marie que Dieu m'a donnée, Félicité qui m'aime, qui avait pris soin de Maurice, Caroline, ma sœur, la femme de Maurice, et d'autres encore, sans fin, et dans tout cela, parmi tant de lettres, il y en a trois qui les effacent, deux de femmes et une grosse écriture qui se fait fine pour moi.

7.

Lettre de Marie, mort de Mgʳ l'Archevêque de Paris. — Notes du soir d'une journée bien pleine. Les événements se succèdent dans la vie avec une rapidité qui permet à peine de les saisir. — Ainsi je le vois dans mon désert, où si peu de chose passe en comparaison du monde.

9.

Que m'arrivera-t-il aujourd'hui? Un bonheur, quelque chose de Marie, ses étrennes qu'elle m'annonce, une boîte mystérieuse que m'apporte la diligence. Il me tarde de la tenir et de l'ouvrir et de voir ce que m'envoie mon amie. Elle me dit après quelques mots intimes à cette occasion : Vous comprendrez quand vous aurez vu la boîte. Ce vous comprendrez me met l'esprit en cherche. Qu'est-ce que ce peut être? Livres, musique,

objet de toilette? De toilette, non, Marie sait
mieux ce qu'il me faut et que j'aurai plus de
plaisir aux moindres choses du cœur qu'à toutes
les parures du monde. J'ai assez de mes robes
de Paris, tandis que l'âme n'a jamais trop de
vêture. J'aimerais des livres, quelque chose où
je m'envelopperais la pensée toute transie au froid
de ce monde, quand je sors de mes prières, de
mes pieuses méditations. Cela ne peut pas durer
tout le jour, et je souffre n'ayant nulle lecture
où me réfugier. Notre-Dame de Paris que j'avais
demandée ne m'est pas venue. On m'a porté la
Cité de Dieu de saint Augustin, ouvrage trop
savant pour moi. Ce n'est pas que partout on ne
puisse glaner quelque chose, mais sur ces hau-
teurs de théologie n'est pas mon fait. J'aime
d'errer en plaine ou en pente douce de quelque
auteur parlant à l'âme à ma portée, comme, par
exemple, M. de Sainte-Beuve, dont je faisais
mes délices l'hiver dernier à Paris et dont s'amu-
sait fort votre gravité railleuse. C'était vous pourtant ou quelqu'un de vous qui étiez cause que je
lisais cette Volupté, parce que Maurice m'avait

dit que c'était ce qui avait converti votre frère et jeté dans son séminaire. Le singulier livre, pensai-je, pour produire de tels effets. Il faut le voir, et ma curiosité n'a pas été mécontente. Il y a des détails charmants, de délicieuses miniatures, des vérités de cœur.

VOus voulez que j'écrive mes impressions,
que je revienne à l'habitude de retracer mes
journées : pensée tardive, mon ami, et néanmoins écoutée. Le voilà ce mémorandum désiré,
ce de moi à vous dans le monde, comme vous
l'avez eu au Cayla : charmante ligne d'intimité,
sentier des bois mené jusque dans Paris. Mais je
n'irai pas loin dans le peu de jours qui me restent : rien que huit jours et le départ au bout.
Ce point de vue final m'attriste immensément, et
je ne sais voir autre chose. Comme le navigateur
au terme de la mer Vermeille, je ne puis m'ôter
de là. O ma traversée de six mois, si étrange, si
diverse, si belle et triste, si dans l'inconnu, qui
m'a tant accrue d'idées, de vues, de choses nou-

6

velles qui ont laissé tant à dire et à décrire ! Mais
je n'ai pas tenu de journal. Qui devait le lire ?
Que penser à faire si quelqu'un ne se plaît à ce
que l'on fait ? Sans cet intérêt ma pensée n'est
qu'une glace sans tain. Du temps de Maurice, je
réfléchissais toutes choses ; c'était par lui, as-
socié à mon intelligence, frère et ami de toutes
mes pensées. Un signe de désir, un mot de dilection, suffisaient pour me faire écrire à torrents. Qu'il était influent sur moi et que l'influence
était belle ! Je ne sais à quoi la comparer : au vin
de Xerès, qui vivifie, exalte, sans enivrer. Ce
soir, je me retrouve un peu sous ces impressions
que je croyais perdues ; mais, je vous l'ai dit, je
ne saurais parler que du malade, pauvre jeune
homme qui ne se doute pas de l'intérêt qu'il
m'inspire et du mal qu'il me fait en toussant. O
vision si triste et si chère ! D'où vient cela, d'où
vient qu'il est des souffrances qu'on aime ? dites,
Jules, vous qui expliquez tant de choses à mon
gré. Le grand M. V..... vous a trouvé bien aimable ; vous étiez en verve ce soir, mais plus
ou moins, votre conversation abonde d'esprit,

d'éclat, de mouvement. Elle monte, s'étend, se joue dans mille formes, sous une forme inattendue, magnifique feu d'artifice. Le beau parleur! a dit ce grand monsieur, en saluant la Baronne qui a confirmé d'un sourire, ajoutant : Ne croyez pas qu'il pense tout ce qu'il dit. C'était sans doute au sujet de saint Paul, et pour écarter le soupçon d'hérésie que vous avez encouru en discourant mondainement sur cet apôtre. Que je voudrais aussi ne pas vous croire ! Bonne nuit; je vais dormir, je vais chercher mes songes *gris de perle*. Et à propos, pourquoi a-t-on ri lorsque j'ai comparé les vôtres au son de la trompette? Il y a donc là-dessous quelque signification singulière, de ces sous-entendus de langage que je n'entends pas? Ce qui m'arrive souvent. On donne dans le monde de doubles sens aux choses les plus simples, et qui n'est pas averti s'y trompe. Quand je vois rire, allons, je suis au piége; cela me donne à penser, mais rien qu'un moment par surprise. A quoi bon s'arrêter sur des complications? La *charmante* m'a dit : Nous causerons demain. Ce qui promet d'intimes confidences.

Quand les sources d'émotions ont coulé, quand
le cœur est plein, c'est sa façon d'en annoncer
l'ouverture. Nous causerons demain. Nous nous
embrassons là-dessus. Chacune va à son sommeil
et je ne sais si on attend le jour pour causer. Une
tête agitée fait bien des révélations à son oreiller.

1er septembre ou dernier août, je ne sais ni
m'informe du jour. Ce vague de date me plaît
comme tout ce qui n'est pas précisé par le temps.
Je n'aime l'arrêté qu'en matière de foi, le positif
qu'en fait de sentiments : deux choses rares dans
le monde. Mais il n'a rien de ce que je voudrais.
Je le quitte aussi sans en avoir reçu d'influence
ne l'ayant pas aimé, et je m'en glorifie. Je crois
que j'y perdrais, que ma nature est de meilleur
ordre restant ce qu'elle est, sans mélange. Seulement j'acquerrais quelques agréments qui ne
viennent peut-être qu'aux dépens du fond. Tant
d'habileté, de finesse, de *chatterie*, de sou-
plesse, ne s'obtiennent pas sans préjudice. Sans
leur sacrifier, point de grâces. Et néanmoins je

les aime, j'aime tout ce qui est élégance, bon
goût, belles et nobles manières. Je m'enchante
aux conversations distinguées et sérieuses des
hommes, comme aux causeries, perles fines
des femmes, à ce jeu si joli, si délicat de leurs
lèvres dont je n'avais pas idée. C'est charmant,
oui, c'est charmant, en vérité (chanson), pour
qui se prend aux apparences ; mais je ne m'en
contente pas. Le moyen de s'en contenter quand
on tient à la valeur morale des choses ? Ceci dit
dans le sens de faire vie dans le monde, d'en tirer
du bonheur, d'y fonder des espérances sérieuses,
d'y croire à quelque chose. Mmes de ... sont venues, je les ai crues long-temps amies, à entendre
leurs paroles expansives, leur mutuel témoi-
gnage d'intérêt, et ce délicieux *ma chère* de
Paris ; oui, c'est à les croire amies, et c'est vrai
tant qu'elles sont en présence, mais au départ,
on dirait que chacune a laissé sa caricature à
l'autre. Plaisantes liaisons ! mais il en existe
d'autres, heureusement pour moi. . . . . .

. . . .

. . . .

. . . .

. . . .

. . . .

. . . .

. . . . Ce que je ne comprends pas dans cette femme, c'est qu'elle ait pu s'attacher à ce Mirabeau que [vous] nous avez dépeint. Mais l'a-t-elle cru ce qu'il est ou est-il bien ce qu'on en dit ? Le monde est si méchant, on s'y plaît tant à faire des monstruosités ! Il y a aussi de véritables monstres d'hommes. Quoi qu'il en soit du docteur irlandais, il ne voit pas un malade en danger qu'il ne lui parle d'un prêtre, et il est lui-même exact observateur des lois de l'Église. Accordez cela avec sa réputation. Pourquoi encore, avec tant d'audace, paraît-il timide et embarrassé devant nous trois, comme M. W....... Il rougit autant et son regard rentre encore plus vite. Est-ce là ce fougueux Jupiter (1) ! Je n'y connais rien peut-être :

(1) Un peu plus tard, il m'est venu des idées plus étendues sur cet homme très-peu connu, profond et fermé. (*Note du ms.*)

oui, *l'énigme du monde est obscure pour moi.*
Que d'insolubles choses, que de complications !
Quand mon esprit a passé par là, quand j'ai longé
ces forêts de conversations sans trouée, sans
issue, je me retire avec tristesse, et j'appelle à
moi les pensées religieuses, sans lesquelles je ne
vois pas où reposer la tête. — Qu'alliez-vous faire
dimanche à St.-Roch? Était-ce aussi pour vous y
reposer? On a fait bien des investigations là-
dessus. Peine perdue. Que découvrir sur l'incom-
préhensible? Dieu seul vous connaît. Oui, vous
êtes un palais labyrinthe, un dérouteur, et sans
ce côté qui vous liait à Maurice, et où luit pour
moi la lumière dans les ténèbres, je ne vous con-
naîtrais pas non plus; vous me feriez peur. Et cependant vous avez l'âme belle et bonne, honnête,
dévouée, fidèle jusqu'à la mort, une vraie trempe de
chevalier, et ce n'est pas seulement qu'au-dedans.

3.

J'ai commencé *Delphine*, ce roman si intéres-

sant, dit-on. Mais les romans ne m'intéressent
guère, jamais ils ne m'ont moins touchée. Est-ce
par vue du monde et du fond qui les produit,
ou par étrangeté de cœur ou par goût de meil-
leures choses? Je ne sais, mais je ne puis me
plaire au train désordonné des passions. Il y a
dans cet emportement quelque chose qui m'épou-
vante comme les transports du délire. J'ai peur,
horriblement peur de la folie, et ce dérangement
moral qui fait le roman en détruit le charme pour
moi. Je ne puis toucher ces livres que comme
à des insensés, même l'*Amour Impossible*. De
tous les romanciers, je ne goûte que Scott. Il se
met, par sa façon, à l'écart des autres et bien
au-dessus. C'est un homme de génie et peut-être
le plus complet, et toujours pur. On peut l'ouvrir
au hasard, *sans qu'un mot corrupteur étonne
le regard* (Lamartine). L'amour, chez lui, c'est
un fil de soie blanche dont il lie ses drames. *Delphine* ne me paraît pas de ce genre. Le peu que
j'ai vu présage mal, et j'y trouve un genre
perfide : c'est de parler vertu, c'est de la mener
sur le champ de bataille en épaulette de capitaine

pour lui tirer, sous les yeux de Dieu, toutes les flèches de Cupidon. Mme de Staël ne cesse de faire mal et de prêcher bien. Que je déteste ces femmes en chaire et avec des passions béantes ! Cela se voit dans les romans, et on dit aussi dans le monde, le grand roman. On m'en ouvre chaque jour quelque page. Étranges connaissances ! Est-ce bon ? Peut-être pour l'étendue des idées, pour l'intelligence des choses. J'observe sans attrait, sans me lier à rien, et cette indépendance d'esprit préserve de mauvaise atteinte.

. . . .
. . . .
. . . .
. . . .
. . . .
. . . .
. . . .

Journée variée comme la température, ciel de salon, gris et bleu, traversé de vapeurs brillantes. Ces teintes de la vie, qui les pourrait peindre ? Ce serait un joli tableau et que je donnerais à faire à M. W......., l'artiste idéal. Je lui crois beaucoup de rêverie dans l'âme, et l'amour passionné du beau, une nature tendre, ardente, élevée, qui présage l'homme de marque. J'apprécie fort M. W....... sur ce que je vois et sur ce que vous dites, vous le jugeur. Mais surtout j'aime cette candeur de cœur que vous dites encore, d'un charme si rare dans le monde. Vous l'aviez trouvée aussi à Maurice. Tout me ramène à lui, je lui fais application de toute belle chose. Combien je regrette que M. W....... ne l'ait pas connu et qu'il n'ait pas fait son portrait ! Nous y perdons trop. Quelle ressemblance, comme ce beau talent eût saisi cette belle tête !

Je reviens de la rue Cherche-Midi, mon chemin d'angoisses. Hélas ! que cette maison indienne m'est triste, et cependant il y a quelque chose qui fait que j'y vais : il y a sa femme, toute couverte à mes yeux de ce nom. Plus rien à dire.

Soirée musicale, artiste italien, grands chants et chansonnettes, le tout d'heureux effet sur ma chère malade, qui est, au demeurant, facilement contente. Aussi je me méfie un peu de ses juge-

ments, qui ne sont que des sensations bienveil-
lantes. Elle perçoit par le cœur et cette transposi-
tion de facultés (1).

8.

Il est mort, le jeune malade, hier soir à onze
heures. Il est mort. Je savais qu'il allait mourir ;
j'avais toujours cette pensée devant moi comme
un fantôme, et me voilà interdite. Oh ! toujours
la mort nous étonne, et celle-ci soulève en moi
tant de souvenirs accablants ! Le genre de maladie,
cette belle tête, les détails que j'ai recueillis sur
sa bonté, sa douceur, son attrayant, ce je ne
sais quoi de certaines natures à magnétiser tout
le monde, l'affection de son valet de chambre,
sa fin chrétienne et pieuse : tout cela est d'une
ressemblance touchante. Je voudrais être la sœur
de Charité qui a reçu son dernier soupir. Que de
fois j'ai rêvé d'être sœur de Charité, pour me

(1) Il y a deux pages blanches dans le manuscrit.

trouver auprès des mourants qui n'ont ni sœur ni
famille ! Leur tenir lieu de ce qui leur manque
d'aimant, soigner leurs souffrances et tourner
leur âme à Dieu, oh ! la belle vocation de femme !
J'ai souvent envié celle-là. Mais ni celle-là ni
une autre : toutes seront manquées. Il manque
beaucoup de ne se vouer à rien. Il semble que le
bonheur soit dans l'indépendance, et c'est le
contraire.

10.

On a renvoyé *Delphine*, avant que je l'aie
achevée de lire. Je n'en suis pas fâchée. Les livres,
c'est cependant ma passion intellectuelle ; mais
qu'il en est peu de mon goût, ou que j'en connais
peu ! Ainsi des personnes. On n'en rencontre que
bien rarement qui vous plaisent. Vous et Maurice
êtes toujours mes préférés. Je vous vois au-dessus
de tout ce que je vois. Vous êtes les deux hommes
qui me contentez le plus pleinement l'esprit. Oh !
s'il ne vous manquait une chose, et qu'en cela je

souffre et souvent. Chaque fois qu'il en est question, on fait après votre départ le relevé de vos principes et de vos paroles avec un blâme d'autant plus pénible que je ne puis pas l'écarter. Bien loin de là, je le donne dans ma conscience. La conscience agit souvent à contre-cœur. Non, je ne puis entendre des choses qui *lui* font mal et qui vous font tort. J'ai entendu quelqu'un vous traiter de fou à ce sujet. Vous vous aventurez, dit-on, étrangement dans les questions religieuses. Je ne vous les vois pas aborder que je n'éprouve les transes de cette mère d'un fils aveugle, lancé sur l'Océan. Pardon de la comparaison, mon cher Jules, je la reprends. Certes, vous ne manquez pas de vue, hormis de celle de la foi.

16.

Rien que la date. J'écrirai demain. Cœur triste ce soir et tête lasse.

17.

Ce que j'aurais dit hier, je ne le dis pas aujourd'hui. Je vous ai vu, nous avons causé, cela
suffit au dégagement du cœur, à la délivrance de
la tête, ce poids fatigant de sentiments et de
pensées que nul autre que vous ne pouvait recevoir. Me voilà soulagée, mais je souffre de ce que
j'ai mis au jour. . . . .

. . . .

. . . .

. . . . O fin de tout! fin de
toutes choses et toujours des plus chères, et
sans cause connue souvent pour les sentiments
du cœur, que par je ne sais quel dissolvant qui s'y
mêle. En s'unissant il entre le grain de séparation.
Cruelle déception pour qui croyait aux affections
éternelles. Oh! que j'apprends, mais la science est
amère. . . . .

. . . .

. . . .

. . . .

. . . . Qui me restera? Vous, ami
de bronze. J'ai toujours cherché une amitié forte
et telle que la mort seule la pût renverser, bonheur et malheur que j'ai eu, hélas! dans Maurice.
Nulle femme n'a pu ni ne le pourra remplacer ;
nulle, même la plus distinguée, n'a pu m'offrir
cette liaison d'intelligence et de goûts, cette re-
lation large, unie et de tenue. Rien de fixe, de
durée, de vital dans les sentiments des femmes ;
leurs attachements entre elles ne sont que de jolis
nœuds de rubans. Je les remarque, ces légères tendresses, dans toutes les amies. Ne pouvons-nous
donc pas nous aimer autrement ? Je ne sais ni
n'en connais d'exemple au présent, pas même
dans l'histoire. Oreste et Pylade n'ont pas de
sœurs. Cela m'impatiente quand j'y pense, et que
vous autres ayez au cœur une chose qui nous y
manque. En revanche, nous avons le dévouement.

Une belle voix, la seule agréable que j'ai entendue de ces voix des rues de Paris, si misérables et boueuses. L'abjection de l'âme s'exprime
en tout.

. . . .

. . . .

. . . .

. . . . En général , nous sommes bien mal élevées, ce me semble, et tout contrairement à notre destinée. Nous qui devons tant souffrir, on nous laisse sans force ; on ne cultive que nos nerfs et notre sensibilité, et en sus la vanité ; la religion , la morale pour la forme , sans la faire passer comme direction dans l'esprit. Cela fait mal à voir, pauvres petites filles.

. . . .

. . . .

. . . .

. . . . Rien ne me choque plus rudement que l'injustice, que j'en sois ou non l'objet. Je souffre d'une manière incroyable rien qu'à voir donner raison à un enfant qui a tort et *vice versa*. Le moindre renversement de la vérité me déplaît. Cette susceptibilité est-elle un défaut ? Je ne sais. Personne ne m'a jamais avertie de rien. Mon père m'aime trop pour me juger, pour me trouver aucune imperfection. Il faut un œil ni trop loin ni trop près pour bien distinguer une âme et voir ses défauts. Vous, Jules, êtes à parfaite distance pour me voir et ce qui me manque. Il doit me manquer beaucoup. Je veux vous demander cela avant de nous quitter ; je veux avoir vos observations que je tiendrai comme une preuve de votre affection. On se doit de perfectionner ce qu'on aime. On le veut, on en parle même mal ou mal à propos. .   .   .   .

.   .   .   .

.   .   .   .

.   .   .   .

.   .   .   .

.   .   .   .

.   .   .   .

.   .   .   .

Écrire des lettres de deuil, en lire et concerter avec ce pauvre M. de...... qui n'en peut plus à lui seul sous tant d'affaires et de peines, c'est mon

emploi de temps et de cœur depuis quelques jours,
aux dépens de mon Mémorandum. La mort de
M. de S..... accroît tellement le poids des peines
de notre affligé, que je demeure tant que je puis
auprès de lui comme aide ou diversion. Bien souvent je surprends des larmes dans ses yeux, qu'il
détourne de sa femme pour ne pas se trahir. Le
terrible secret, qu'une mort dans le cœur vis-à-vis
le cœur que cette mort doit frapper ! Marie est
incapable en ce moment de supporter un tel
coup. Je ne sais tout ce qu'on peut craindre pour
elle à cette annonce, même en meilleur état de
santé. Que deviendra-t-elle en apprenant qu'elle
a perdu son père, si bon, si aimable, si digne
d'être aimé ? Tout ce qu'il y avait en lui d'attachant
va la saisir éperduement comme les étreintes d'un
fantôme. Elle en aura des épouvantes de tendresses ; ne verra que de quoi se désoler et se
trouver, par cette mort, la plus malheureuse des
filles. Au fond, elle tenait à son père, et ce fond
est si excellemment tendre ! Elle n'a jamais méconnu les qualités distinguées de son père, son
élévation d'âme, de cœur, d'intelligence ; l'homme

rare par tous ces endroits, par sa droiture de
principes, sa raison forte, son amabilité, sa religion éclairée. J'aimais cette piété franche, gaie,
vive, toute militaire, l'homme des camps dans le
service de Dieu, et que la foi avait entièrement
dompté. Maurice me l'avait dit, et je l'ai vu de
près. Il avait dû y avoir là un Othello, un caractère fort et terrible. Certains traits de violence
l'attestent et le trahissaient encore quelquefois;
mais en général cet homme était si contenu, que
pour qui le connaissait, c'était un bel exemple
de la puissance morale. Et puis, qu'il était bon,
doux, facile à vivre! C'est là, dans son intérieur,
dans ce coin sans draperie, qu'il se faisait bien
voir, et de façon à se faire aimer beaucoup. Il
m'appelait sa fille, et je lui donnais aussi bien
tendrement le nom de père. Hélas! que sert de
multiplier ses affections? C'est se préparer des
deuils. Je regrette bien profondément M. de S.....
Sa mémoire me sera toujours en vénération et
pieuse tendresse, comme un saint aimé.

29.

2 octobre.

Au retour de notre pose au Palais-Royal, je me repose dans ma chambre et dans le souvenir de notre entretien. Une femme a dit que l'amitié, c'était pour elle un canapé de velours dans un boudoir. C'est bien cela, mais hors du boudoir, pour moi, et haut placé sur un cap, par-dessus le monde. Cette situation à part de tout me plaît ainsi.

3.

Détournée hier sur mon cap. Je ne reprends mon journal que pour le clore, n'ayant plus liberté d'écrire en repos. C'est dimanche aujourd'hui ; heureusement j'ai puisé du calme et de la force à l'église, pour soutenir un assaut accablant.

NOTE DE L'ÉDITEUR.

Ici se brise la correspondance de Mlle Eugénie de Guérin avec Jules Barbey d'Aurevilly, mais pour se renouer avec un autre ami de son frère Maurice, M. de La Morvonnais, un Breton, un poëte, connu, du reste, dans la littérature de ce temps, et chez qui Maurice avait passé des jours heureux.

Ces lettres, dans lesquelles circule et se joue la *pensée unique* du frère perdu, comme la lumière circule et se joue dans toutes choses, nous les avons fait précéder d'un fragment détaché d'une Notice écrite de la main de Mlle Eugénie sur cette famille de Guérin, illustre d'antiquité, de services et d'alliances, et qui se couronne en mourant, — car elle est sur le point de s'éteindre, — du double génie mélancolique du frère et de la sœur : *Arcades ambo!* Nous avons pensé que ce fragment aurait, à cette place, son intérêt et sa convenance. Aujourd'hui il ne s'agit que de la sœur, mais plus tard il s'agira du frère. Cette publication restée en projet aura lieu enfin, et quelle plus heureuse manière d'*annoncer* Maurice de Guérin, que de commencer à le faire voir déjà à travers l'admiration et le pieux génie de la femme qui l'a tant pleuré et dont chaque larme est une perle !

Voici maintenant Maurice. Dès son jeune âge, il annonça une remarquable intelligence. Un de ses premiers maîtres, interrogé par mon père sur les dispositions de son élève : « Ah ! monsieur, lui dit-il, vous avez là un enfant transcendant ! » Cet enfant, à neuf ans, se passionnait pour l'histoire ; il passait avec Rollin ses récréations, quand on ne l'en détournait pas. Il pleura de joie à la première leçon d'écriture.

Maurice était enfant imaginatif et rêveur. Il passait de longs temps à considérer l'horizon, à se tenir sous les arbres. Il affectionnait singulièrement un amandier sous lequel il se réfugiait aux moindres émotions. Je l'ai vu rester là debout des heures entières.

Il est à la campagne, aux beaux jours d'été, des bruits dans les airs que Maurice appelait *les bruits de la nature*. Il les écoutait longuement, et voici de ses impressions :

« Oh ! qu'ils sont beaux ces bruits de la nature,
« ces bruits répandus dans les airs, qui se lèvent avec
« le soleil et le suivent, qui suivent le soleil comme
« un grand concert suit un roi.

« Ces bruits des eaux, des vents, des bois, des
« monts et des vallées, les roulements des tonnerres
« et des globes dans l'espace, bruits magnifiques
« auxquels se mêlent les fines voix des oiseaux et des
« milliers d'êtres chantants. A chaque pas, sous cha-
« que feuille est un petit violon.

« Oh ! qu'ils sont beaux ces bruits de la nature,
« ces bruits répandus dans les airs !

« Comme les jours d'été en sont pleins ! Quels re-
« tentissements, lorsque les campagnes éclatent de
« vie et de joie, comme les grandes jeunes filles, lorsque
« de tous côtés s'élèvent rires et chansons, cadence
« de fléaux sur l'aire avec accompagnement de cigales,
« et le soir les tintements des clochers, l'*Angelus* qui
« annonce Dieu parmi nous !

« Oh ! qu'ils sont beaux ces bruits de la nature,
« ces bruits répandus dans les airs !

« Entendez ces battements de feuilles qui s'agitent
« comme de petits éventails, ces sifflements des roseaux,
« ces balancements des lianes, escarpolettes des papil-
« lons, et ces souffles harmonieux et inexprimables
« que font sans doute les anges gardiens des champs,
« ces anges qui ont pour chevelure des rayons de soleil.

« Oh ! qu'ils sont beaux ces bruits de la nature,
« ces bruits répandus dans les airs !

« Je vais toujours les écoutant. Quand on me voit
« rêveur, c'est que je pense à ces harmonies. Je tends
« l'oreille à leurs mille voix, je les suis le long des
« ruisseaux, j'écoute dans le grand gosier des abîmes,
« je monte au sommet des arbres, les cimes des peu-
« pliers me balancent par-dessus le nid des oiseaux.

« Oh ! qu'ils sont beaux ces bruits de la nature,
« ces bruits répandus dans les airs !

« Bientôt je ne les entendrai plus ! Bientôt je n'en-
« tendrai que ce je ne sais quoi des villes. O Toulouse !
« on dit de toi de bien belles choses, mais auras-tu
« rien qui me plaise comme ce qui me plaît au Cayla ?

« Oh ! qu'ils sont beaux ces bruits de la nature,
« ces bruits répandus dans les airs !

« Quand je ne pourrai plus les entendre, ô ma
« sœur, que ta lyre m'en fasse encore jouir ! Oh !
« viens me les chanter, ces bruits de la nature, viens
« chanter pour ton frère au collége, comme la calandre
« de dehors chante à ta calandre en cage.

« Oh ! qu'ils sont beaux ces bruits de la nature,
« ces bruits répandus dans les airs ! »

Une de ses jouissances, c'était encore d'improviser
en plein air, et comme il avait du penchant pour
l'état ecclésiastique, c'était des discours religieux qu'il

faisait. Il y a dans les bois du Cayla, sous un enfon-
cement, une grotte taillée en forme de chaire où il
montait et qui fut appelée pour cela la chaire de
Chrysostôme. Maurice avait toujours ses sœurs pour
auditoire.

A onze ans, il fut mis, à son grand bonheur, au
petit séminaire de Toulouse. Alors, commença entre
nous cette correspondance intime, qui n'a fini qu'à sa
mort. J'ai bien peu retrouvé de ses premières lettres.
En voici deux fragments :

« Chère Eugénie, je suis bien touché des regrets
« que tu as de mon absence. Moi aussi je te regrette
« et je voudrais bien qu'il fût possible d'avoir une
« sœur au séminaire. Mais ne t'inquiète pas; j'y suis
« très-content. Mes maîtres m'aiment, mes camarades
« sont excellents. Je me suis lié plus particulièrement
« avec un dont je te parlerai. Il commence à parler
« ma langue (une sorte de langue de son invention),
« et par ce moyen nous nous communiquons l'un à
« l'autre et nous jouons à la *pensée* sans qu'on s'en
« doute. J'avance à pleines voiles dans le pays latin.
« Tu auras un meilleur maître aux vacances. Soigne
« à ton tour mes tourterelles. Je chante à la chapelle.
« Adieu; je t'embrasse et te prie d'embrasser Pé-

« pone (mon père) et toute la famille. Dis-leur que
« je suis bien content d'être ici. »

« Hélas ! le monde entier sans toi
« N'a rien qui m'attache à la vie.

« Chère Eugénie, tu seras peut-être étonnée de
« voir ces deux vers au commencement de ma lettre.
« C'est que c'est, pour ainsi dire, le texte dont je
« veux la tirer, et pour mieux exprimer le tendre
« amour que je te porte. Le sentiment qui inspirait
« à Paul ces paroles pour Virginie n'était pas plus
« sincère que le mien.

« C'est particulièrement à toi que je donne la Vie
« de Voltaire. Tu y verras le génie et la perversité
« de cet homme, ce coryphée de l'impiété, qui
« mettait au fond de chaque lettre : écrasons l'in-
« fâme, c'est-à-dire la religion catholique. Pour
« moi, je ne cesserai d'y mettre : je t'aime, je
« t'aime.

« Je ne puis pas te dire les places que j'ai, n'ayant
« pas encore composé. Adieu ; je n'en puis plus, je
« souffre trop pour pouvoir continuer. »

Maurice se fit bientôt remarquer au séminaire par
ses moyens et sa bonne conduite. Sur ce qui fut dit

de lui à l'archevêque de Toulouse, Mgr de Clermont-
Tonnerre, il voulut se charger de son éducation. Il
en fit l'offre pressante à mon père, qui reçut la même
faveur de M. de Bernis, archevêque de Rouen. Néanmoins Maurice demeura sous la direction paternelle.
A treize ans, il fut envoyé à Paris, au collége Sta-
nislas où il obtint les plus brillants succès, et les
affections distinguées et profondes qui se témoignent
encore après sa mort.

Il demeura cinq ans sans retourner au Cayla. J'eus
pendant ce temps communication des développements
et impressions de son âme, et de cette mélancolie
profonde que semblait lui donner le sentiment confus
des choses à venir. Quand il revint, à la fin de ses
classes, je le trouvai tout empreint de cette tristesse.
Rien ne lui plaisait que les promenades qu'il rem-
plissait d'épanchements de cœur et d'observations sur
la nature. Il y a tel site au Cayla, tel arbre, tel point
à l'horizon qu'il m'a rendus chers par l'attention qu'il
leur a donnée. Ce fut dans une de ces promenades
qu'arriva l'aventure du coup de fusil exprimée dans
ces lignes :

« O ma sœur, que je te suis donc fatal! Ce n'est
« pas assez de faire si souvent couler tes larmes,

« j'ai manqué te donner la mort, j'ai manqué t'im-
« moler dans ces bois comme la colombe. Maudit
« chasseur ! Maudite soit l'arme perfide et meurtrière !
« Je l'ai jetée pour jamais loin de moi. Jamais la
« main de ton frère ne touchera un fusil. Comment le
« plomb mortel est-il parti ? et comment n'a-t-il fait
« que déchirer ta robe sans t'atteindre ? Dieu t'a pré-
« servée. Sans ce prodige, il y aurait eu deux
« tombes ; chère sœur, je ne t'aurais pas survécu. »

Il avait renoncé à l'état ecclésiastique, sans perdre
néanmoins ses tendances religieuses. Il était même si
pieux, qu'on l'appelait, dans le pays, le jeune saint.
Il n'avait de goût que pour la retraite et l'étude, et
lorsque la Chênaie s'ouvrit, il sollicita vivement de
mon père d'y entrer. Ses lettres et mémoranda d'alors
sont pleins de ses impressions. On y voit ce qu'il
avait trouvé dans cette solitude, où il y avait *un
charme si étrange et si puissant à travailler sous les
vieilles forêts bretonnes*. (Une de ses lettres.)
Après la dispersion de l'école et quelques mois de
séjour chez M. de Lamoryonnais, au Val de l'Arguenon, noble et gracieuse demeure, Maurice retourna
à Paris. A une vie toute faite en solitude, succéda
une vie à faire dans le monde. Il s'y fatigua pendant

trois ans, et n'eut de repos que dans cette maison indienne, auprès d'une compagne faite pour son bonheur, ange d'amour et de soins, donnée de Dieu aux derniers jours de Maurice. Voici ce qu'il écrivait d'elle six mois après son mariage : « Caroline est douce, bonne et pleine d'excellentes qualités. Elle mérite toute mon affection, elle la possède. »

LETTRES

A M. HIPPOLYTE LAMORVONNAIS.

I.

19 juillet, jour de sa mort! 1840.

Dieu soit béni, Monsieur! Vous n'êtes donc pas perdu pour nous de mort ou d'oubli, car votre silence m'avait fait craindre et croire l'un et l'autre. Sans cela, pensez-vous que je ne vous aurais pas écrit notre malheur? que j'eusse laissé à un journal de vous apprendre la perte d'un ami? Hélas! non, Monsieur, et j'ai plus d'une fois pensé à vous dans mes larmes, car je savais que vous l'aviez aimé, ce pauvre Maurice; mais n'ayant plus de vos lettres ni de réponse en aucune occasion, j'ai dû penser que vous n'étiez plus de ce monde. Étant à Paris, je vis

Maurice vous annoncer son mariage, et ni même alors ni jamais rien de vous. A qui, au Val, aurais-je annoncé sa mort? Votre petite fille est trop jeune pour lui adresser autre chose que des baisers, pour lui demander : où est votre père? Donc, Monsieur, vous êtes là toujours veuf, et seul, et triste. Dieu sait comme je vous ai souhaité des consolations, de ces consolations du ciel si douces et puissantes, car il n'y a que cela de bon, de soutenant à hauteur d'âme. Oh! je le sens, je le vois, je le sais de moi-même, sous l'accablante douleur, sous cette mort de Maurice, frère bien-aimé, si intime à mon cœur. Sa perte est irréparable; il s'est fait en moi comme un vide que Dieu seul peut remplir. Autrefois vous me parliez de prière, et je priais pour vous. Oh! priez pour moi maintenant, priez pour Maurice comme je priais pour Marie, et comme je prie encore, car je n'ai rien oublié. Ma plus grande consolation, je la trouve dans sa mort pieuse, dans ces sentiments primitifs de foi exprimés en prières et dans la réception des derniers sacrements, dans cet ardent et dernier baiser au crucifix. Je révèle cela, Monsieur, à votre amitié, à cet intérêt chrétien qui suit l'âme dans l'autre vie. Espérons, espérons qu'elle est bien heureuse pour notre Maurice. C'était une si belle âme!

Oh ! Dieu lui aura ouvert son paradis, Dieu qui n'est qu'amour aura eu en amour cette âme de Maurice. Si vous lui élevez un monument, Monsieur, ce dont je suis fort touchée , marquez-le bien de signes de foi, de cette foi *pure et catholique* dans laquelle il est mort; ce qui manque à la Notice de Mme Sand et m'a fait bien du chagrin. Cette femme, il est vrai, n'a pas connu mon frère et ne l'a tracé que sur des traits épars; mais vous tous, ses amis, qui l'avez connu, faites mieux, et écartez, s'il vous plaît, de cette figure chrétienne, tout nuage philosophique et irréligieux. Sera-ce, Monsieur, dans l'*Université Catholique* dont on m'a dit que vous étiez un des rédacteurs, que paraîtra cet hommage funéraire ? Nous serions bien touchés de le voir, et vous offrons en famille l'expression d'une gratitude profonde.

Je vous remercie également des deux publications que vous avez la bonté de m'envoyer et que je n'ai pas reçues.

Madame de Guérin sera, j'en suis sûre, bien touchée de cet hommage. Envoyez-lui, Monsieur, la *Thébaïde des Grèves*, toute remplie de Maurice qu'elle pleure toujours. Vous avez raison de penser que la femme qu'il avait choisie doit être une femme distinguée. C'est, en effet, une ravissante créature en beauté,

8

en qualités et vertu ; Ève charmante, venue d'Orient
pour un paradis de quelques jours. La mort les a
séparés dans huit mois. Il ne reste pas d'enfant. Cette
jeune femme est indienne, élevée à Calcutta et venue
à Paris il y a trois ans. Elle y est encore, dans la
même maison où je l'ai vue heureuse, car, je vous
l'ai dit, j'étais à ce mariage. J'ai demeuré huit mois
à Paris, et nous sommes revenus ici, au mois de
juillet dernier, avec Maurice mourant. Sa pauvre
veuve nous a quittés bientôt après, mais elle nous
écrit. Je ne doute pas, Monsieur, que votre livre et
votre visite ne lui soient très-agréables. Vous trouverez
cette chère sœur, rue du Cherche-Midi, 36.

Et maintenant que j'embrasse votre chère petite
Marie, cette enfant que Maurice a baisée et caressée
au berceau et sur les genoux de sa mère. Hélas !
hélas ! que de deuil survenu ! Le fond de la vie est
tout en noir et bien triste, mais Dieu le veut ainsi,
afin que nous regardions vers le ciel.

Adieu, Monsieur ; recevez de nouveau l'assurance
de sentiments qui ont dû se taire, mais qui n'ont
pas changé.

Eugénie DE GUÉRIN.

II.

N....., 4 décembre [1840].

C'est au chevet du lit d'une *douce malade*, d'une autre chère Marie, que je réponds, Monsieur, à votre si bonne et touchante lettre. Elle m'est arrivée au moment du départ, parmi les soins et les peines d'une séparation; mais je ne me suis pas séparée d'elle ni de rien de ce qui m'est venu au Cayla. Où qu'il aille, le cœur emporte ce qu'il aime et il vit de ses provisions. Je me nourris de souvenirs, de lectures, de ce restant du passé où vous avez tant de part. Ce que vous ajoutez encore ne me touche pas moins, et je ne saurai jamais assez vous témoigner mes sentiments à chaque nouvel écrit pour Maurice. J'aime encore mieux votre article de l'*Université Catholique*, que tout ce qui a paru jusqu'ici, parce que cet article répond à ma pensée, sans doute, et à ce qui est dû chrétiennement à cette chère mémoire. L'art l'avait fait bien beau, notre Maurice, mais le côté du ciel lui manquait. Mme Sand ne pouvait pas aller jusque-là, quelle que soit la hauteur de son intelligence, puisque les ailes de la foi lui manquent. A vous, poëte et ami chrétien, était réservée cette œuvre, et vous l'aurez parfaitement remplie. Vous parlez si bien des choses saintes ! J'ai dans le cœur vos belles poésies, ces élévations célestes, ces chants sur les tombes, qui font pleurer, qui font espérer. Ainsi vous chanterez pour Maurice, et nous vous bénirons, nous qui l'aimons comme on aime les anges, moi sa sœur, et elle son amie, cette Marie dont je vous ai parlé, qui, comme la vôtre, mais un peu plus tard, l'a accueilli, consolé en des jours d'infortune : femme aimable pour tout le monde, et qui fut pour lui un bonheur qui me revient à présent, mais, hélas ! dans les larmes, amie martyre dont la vie n'est qu'une longue douleur. Je suis venue pour la voir, la distraire, l'aimer de près. Que c'est tristement doux, ce que je fais auprès d'elle, ma chère et aimable malade ! En lui parlant de la Bretagne, je lui ai parlé du Val qu'elle connaissait un peu ; de vos poésies qu'elle ne connaissait pas, et elle en a été charmée. C'est, Monsieur, un charmant éloge, croyez-moi. Jamais plus d'esprit ne pouvait louer le vôtre ; jamais voix de femme ne parlerait mieux d'un poëte, que la jeune baronne de ..... Mais de tous vos chants, ce qu'elle a écouté avec le plus de plaisir, c'est la *Voix du Vent*, morceau d'une grande beauté, et qui se place au niveau des hautes hymnes de Lamartine, si les poëtes souffrent entre eux des comparaisons ; mais nous pouvons comparer les gloires. Mme de ..... m'a chargée de vous transmettre ses admirations comme artiste et ses remercîments comme amie, ce qu'elle a senti de vos poésies et de vos écrits sur Maurice. Je n'ai rien su encore de vos envois à Mme Sand. Cela demeure pour moi sous le mystère ; mais je sais quelqu'un qui a le projet de publier tout ce qui reste de Maurice. Vous me dites, Monsieur, que vous possédez la plus douce expression de ce talent si remarquable, et cela me fait bien plaisir. Nous aurons de bien belles choses. Si ces choses se peuvent voir, voudriez-vous me les confier ? C'est beaucoup demander peut-être ; je sens le secret de votre intimité, mais mes yeux seuls verraient là dedans, et du frère à la sœur il n'y avait pas loin, vous savez. Néanmoins je ne veux pas l'impossible et m'en rapporte à vous.

Probablement ma belle-sœur est de retour à Paris et elle aura trouvé vos envois. Elle ne m'en a rien dit. Avec beaucoup de distinction de nature, il se pourrait que, par nature étrangère, elle ne goûtât pas vos œuvres comme nous les goûtons.

Adieu, Monsieur. Quoique nous espérions aller à Paris cet hiver, j'attends ici ce que je vous demande, et du moins une de vos lettres. J'embrasse notre petite Marie, et suis toujours et partout votre dévouée.

Eugénie DE GUÉRIN.

III.

N....., 13 janvier [1841].

Merci d'abord de votre lettre, Monsieur, lettre qui me serait bien bonne, si ce n'était vos nouvelles. Vous avez été malade. Hélas ! j'ai tant vu souffrir, je vois tant cela encore, que j'aurais appris à compatir, si la compassion n'était pas naturelle. Ce sentiment s'apporte en naissant, comme d'autres que Dieu nous donne, et, quand on les exerce, il semble alors qu'ils viennent. Je vous plains donc autant qu'on puisse plaindre un pauvre solitaire malade, et si les vœux faisaient la santé, vous auriez déjà recouvré la vôtre.

Celle de mon aimable amie nous a bien inquiétés depuis trois semaines, et quoiqu'il y ait un mieux, ce mieux est si loin du bien, que nous en sommes encore aux craintes. Je vous dis cela, Monsieur, pour répondre à l'intérêt aimable que vous a inspiré Mme la baronne de ....., intérêt accueilli aussi aimablement, mais qui ne peut s'exprimer autrement que par mon organe. Cette correspondance dont vous témoignez le désir, et qu'on ne sait pas refuser à une si douce prière, cette correspondance, hélas ! est impossible à la faible main qui, depuis plus de trois mois, ne s'est pas soulevée d'un lit de douleur. Dites à M. de Lamorvonnais, m'a dit ma gracieuse malade, que j'accueille avec plaisir tout ce qu'il veut bien m'adresser ; mais que, quant à lui écrire, je ne puis avoir de correspondance qu'avec le ciel dans l'état où je suis. Ce sont, Monsieur, ses propres paroles, trop tristement vraies. Néanmoins et malgré tout, elle se trouve en force d'aller à Paris. Ce changement d'air, nous espérons, lui fera du bien. Avec mes soins auprès de cette chère amie, je m'occuperai de ceux de notre chère publication dont je vous tiendrai au courant. J'accepte toute la part que vous voudrez y prendre ; tribut de cœur, dont je ne verrai jamais assez, comme le vôtre, offerts à ce bien-aimé Maurice. Je

suis fâchée de ce que vous me dites à cette occasion
de Mme Sand. Si j'ai bien lu, elle *procède* contre
vous. Malheureux esprit dévoyé ! Hélas ! qu'on plaint
cette femme, sortie si belle des mains de Dieu !
Quelle douloureuse admiration elle inspire ! Elle s'est
jetée de plus, maintenant, dans une politique abo-
minable. Ainsi l'abîme appelle un autre abîme. Et
voilà ce que c'est que de quitter la foi. Oh ! tenons-
nous là, pauvres humains, tenons à l'ancre immuable.
Monsieur, je suis désolée de tant d'âmes perdues. Il
me semble voir un océan couvert de vaisseaux dé-
mâtés, dévoilés, faisant eau de toutes parts. Ainsi
m'apparaît le monde. Il y a de quoi dire : heureux
ceux qui l'ont quitté, qui sont, dans un beau jour,
abordés au ciel ! Si vous figurez dans vos tristesses une
belle campagne avec une douce amitié, et que cela
vous console, on a toujours cela avec son bon ange,
le céleste ami ; consolation un peu spirituelle, si
vous voulez, mais n'est-ce pas la meilleure ? Hélas !
les autres sont si souvent imparfaites.

Enfin, M. Quemper est de retour d'Amérique. Il ne
sait pas combien je l'ai appelé pour lui demander ce
cher précieux cahier vert. J'espère que nous le verrons,
et le cahier et M. Quemper, à Paris. Vous pourriez
aussi lui donner les manuscrits dont vous m'annoncez

l'envoi, ou, si ce n'est parti, ayez la bonté d'adresser le
tout à M. Jules Barbey d'Aurevilly, rue de *Port-
Mahon*, 9, hôtel de Neustrie. C'est l'ami chargé de
la publication. Je crains que notre court séjour à
N..... ne nous laisse pas le temps de recevoir vos
papiers. C'est pour cela que je m'empresse d'écrire
dans un moment pressé, et que je vous dis adieu sans
plus, pour ne pas manquer la poste.

Je tâcherai de me procurer, à Paris, l'*Université
Catholique* qui m'intéressera quand même.

EUGÉNIE.

IV.

Paris, rue du Dauphin, hôtel Sully,
20 février 1841.

Me voici à Paris, ce Paris où je n'ai plus Maurice,
mais où je m'occupe toujours de lui. En arrivant, je
me suis informée de la publication et j'en ramasse
les matériaux. C'est le moment, Monsieur, de nous
envoyer les précieux manuscrits et le livre vert arrivé

d'Amérique. M. d'Aurevilly n'a rien reçu, ce qui me met en peine sur le sort de ces envois que je vous avais prié de faire à son adresse, lors de mon départ de N...... N'auriez-vous pas reçu ma lettre ou seriez-vous malade? Hélas! on craint le malheur, quand il frappe de tous côtés. Mon amie est de plus en plus souffrante; je n'ai que de tristes pressentiments où vous êtes compris parfois, et que l'état de votre santé passée justifie. Si donc vous êtes souffrant, veuillez me le dire, afin que le doute s'en aille, le doute pire souvent que la réalité.

J'ai vu ma belle-sœur, mais pas assez pour tout ce que j'aurais à lui dire, pour savoir si elle a reçu vos poésies. Au reste, elle était absente depuis six mois de Paris, ce qui explique son silence à un hommage qui n'a pu que la toucher sensiblement. Mais peut-être à présent avez-vous reçu sa réponse et ses remer-ciments. Combien n'en ai-je pas pour vous dans mon cœur au sujet de ce que vous avez fait pour Maurice! Mais, Monsieur, quand me sera-t-il donné d'en jouir? de lire l'*Université Catholique* et de posséder ces copies que vous vous donnez la peine de faire? C'est vraiment beaucoup de travail, beaucoup trop, et si cela vous fatigue, vous feriez mieux de m'envoyer les originaux qu'une fois transcrits je vous renverrais fidèlement. C'est une idée qui m'est venue dans votre état de souffrance et pour vous abréger le travail.

Vous dire ce que je fais à Paris? hélas ! rien que rester dans la chambre de ma pauvre malade, triste et douce vie qui laisse tant à penser et à souffrir. Je ne sais quand je regagnerai mon Cayla si paisible, ce cloître au désert où l'âme est mieux, je crois, que cloîtrée dans le monde, à cause du bruit. Mais tout lieu où Dieu nous mène est bon ; de tout lieu on va au ciel. Cette pensée est ma douce, ma consolante compagne sur cette pauvre terre ; je voudrais la donner à tous les affligés. Comme je pense, c'est la vôtre dans votre Thébaïde. Vous y continuez aussi vos poétiques études, ces enchanteresses de l'âme, et la petite Marie est là qui vous sourit toujours. Vous avez bien souffert ; mais Dieu encore vous a laissé quelque bonheur, assez pour le bénir, comme nous faisons tous.

> Oui, dans la coupe amère où nous buvons la vie
> Il se mêle toujours quelque goutte de miel

comme a chanté notre Lamartine.

Mme Sand n'a pas l'air d'avoir reçu vos papiers, ou bien elle les garde. Ayez la bonté de me dire ce qui en est, afin que je recueille ces chères reliques partout où elles seront. Caressez pour moi l'enfant *blanche et rose*, et recevez, Monsieur, la nouvelle assurance de mes sentiments.

EUGÉNIE.

V.

10 mars 1841.

Les plus douces paroles ne vous rendraient pas, Monsieur, la douceur que j'ai trouvée dans les vôtres lorsque vous parlez des choses de l'âme, et dernièrement de Maurice. En recevant votre lettre, j'ai couru au bureau de l'*Université*, et je possède et j'ai dans le cœur cette précieuse Notice, si belle d'expression, de sentiment et de vérité. Grâce à vous, notre Maurice est là dans sa vie de poésie et de foi, et sous l'auréole céleste qui lui convient et qui lui manquait jusqu'ici. Quelque haut qu'on eût porté son talent, il ne l'était pas jusqu'au ciel, sa belle place. Louange à vous qui, comme un ange ami, l'avez élevé sur vos ailes aux yeux de ceux qui

ne croyaient pas qu'il pût monter plus haut ! Et puis
que j'aime ces beautés ignorées que vous révélez de
son âme, ces divines rêveries en Bretagne, au bord
des mers, dans les grands bois, dans ce Val bien-aimé,
trésors que je vous dois ! Que Dieu vous bénisse,
mon bon poëte ! Je lui remets le soin de ma reconnaissance, que ni mon âme ni rien ne peut vous
témoigner assez. Que peut exprimer ma faible parole
de femme ? Rien ou bien peu, je le sens, quoique
vous la flattiez de beaucoup de puissance. Il faut
pour cela l'entendre à travers la bonté, à travers
Maurice, son frère. Oui, ce cher objet m'enveloppe
de son charme aux yeux de ses amis, et j'en suis
heureuse et fière, comme aussi il y a vers eux, de
mon côté, retour de sympathie affectueuse et éternelle. Et néanmoins ceci répond-il à votre dévouement, Monsieur, et à vos lettres aimables ? Si je
n'ai dit plus tôt combien j'en étais touchée, c'est que
je n'ai pas pu écrire ; je le fais au premier loisir. Je
dis loisir, parce que c'est un moment tranquille et
qu'on se repose alors dans ce qui plaît, comme un
fatigué sur la mousse à l'écart. Promeneur solitaire,
vous connaissez cela. Moi, dans quelques pas, je suis
brisée à Paris, ce monde fatigant pour l'âme, et où
néanmoins je me plais tristement comme dans la vie et

la mort. Ce Paris me renferme tant de choses aimées,
tant de joies et tant de douleurs! Paradis en deuil.

M. Quemper est venu me voir avec un empressement bien aimable, dont je sens le prix vivement. Ce
bon jeune homme justifie en se montrant l'éloge que
vous en faites, et le titre d'ami pour ceux qui le
donnent à la distinction de l'esprit et aux qualités
du cœur. Mme de ....., cette éminente appréciatrice,
a porté sur M. Quemper le plus gracieux jugement,
et c'est un des hommes dont elle aimerait d'orner
son salon. Mais, hélas! son salon, c'est un lit de
douleur, au pied duquel M. Quemper s'est assis une
fois. Une autre fois, je l'ai reçu moi seule, dans
un salon sans feu et sans charmes, et néanmoins il
y en avait pour moi à causer du passé, de Maurice, de la Bretagne, des amis de ces contrées, et de
la mer, et de votre petite Marie, et que sais-je? Les
courants de l'âme sont longs.

Vous avez cité de charmantes choses dans la Notice,
je ne sais quoi d'un parfum céleste. Riche espérance
pour le recueil annoncé, ce cher trésor que roule la
diligence. M. d'Aurevilly va s'occuper incessamment de
notre œuvre, de ce monument à la France et à
nous, et auquel on vous devra d'avoir si richement
contribué, et travaillé d'esprit et de cœur. Je vou-

drais bien être ici à l'époque de cette publication ; mais il n'y a pas d'apparence, quoique notre départ soit encore incertain. J'aurai soin de recommander vos dix exemplaires. Et ne soyez pas en peine pour le cours de notre poëte : son lit est creusé dans les pentes où coulent les fleuves d'or, et il n'a qu'à jaillir. Vraiment ce livre est attendu avec dévotion. Il y a encore bien des choses à recueillir, que je découvre par ci par là. Il se dispersait avec un détachement injuste, mon pauvre Maurice, n'estimait rien de lui et il s'en est allé sans jouir d'aucun des dons dont il était si riche. C'est nous qui jouirons. Il y a dans ce bonheur une profonde tristesse qui ne se peut consoler.

J'en étais là, vous écrivant, lorsque l'envoi par la diligence est venu. Bien-aimées reliques de mon bien-aimé Maurice ! Oh ! merci, mille fois merci, mon bon monsieur ! Je n'ai presque rien vu ni lu ; mais tout est au cœur, et je veux de suite me témoigner au vôtre qui fait tant pour moi, presque trop, si j'osais me plaindre de voir mon nom à côté de celui de Maurice dans l'auréole que vous lui posez si religieusement sur le front, dans l'*Université Catholique.*

Adieu, Monsieur, et reconnaissance infinie.

EUGÉNIE.

VI.

14 octobre [1841].

Les poëtes ne meurent pas, ni les amis, je vous assure, Monsieur. La mort et le silence ne changent rien à l'âme que les apparences. Maurice est toujours Maurice et je vous suis toujours sa sœur. Si j'ai tardé à vous répondre sur tout ce que m'ont dit vos deux lettres à Mme Sand, c'est pour des raisons trop bonnes, mais qui prendraient inutilement une place sur ce papier. Je le veux tout entier pour vous, non pour moi, pour vous et pour Lui, pour Lui qui vous a aimé sur la terre, pour vous qui le suivez de votre amitié dans le ciel. Affection sainte que j'ai bénie tant de fois, en des jours mauvais pour lui et que vous lui rendiez doux, ces jours d'hospitalité charmante sous votre toit, dans *cette chambre* qui vous a laissé de Maurice un si touchant souvenir. Hélas! faut-il que tout ce qui tient à lui ne soit plus autre chose : *un souvenir !* Qu'est-ce de nous et des plus nobles et

chères créatures ? Quelle douleur sur ce néant, si
l'âme n'en sortait pas ! Mais elle en sort, mais elle
voit les cieux ouverts, mais on pleure, mais on espère. Que la foi est douce au malheur ! Ce sentiment
qui me soutient, vous avez le bonheur de le connaître,
Monsieur, et vous l'exprimez d'une façon exquise
dans vos reflets de Bretagne ; le *Petit Pâtour* est
suave de cette piété pure et simple qu'on pourrait
appeler le naturel de la foi. Cela mis en poésie est
bien beau. Si je ne cite que cette pièce, c'est que
tant d'autres m'ont également charmée, et que ce ne
serait que citer des ressemblances. Je vous ai bien
applaudi dans mon cœur, poëte qui consacrez votre
voix à Dieu et qui répondez à la mission qu'il a
donnée aux poëtes, mission de religieuse harmonie.
Ainsi ils font du bien aux hommes et remplissent à la
façon des anges le devoir d'amour, de charité qu'on
doit à ses frères. Encore une fois, c'est bien beau et
j'aime à vous voir ainsi ami de Maurice. Et que j'aime
aussi de le voir chanté par vous ! C'est véritablement
un chant que vous lui faites dans vos lettres à G.
Sand : un hymne à sa mémoire, qui aura eu du re-
tentissement, j'espère, et toujours dans mon âme,
car j'ignore ce qui se fait au-dehors. Je n'ai pu savoir
ce que devenaient ces papiers si religieusement con-

servés par vous et envoyés pour offrande à sa tombe. Oh ! que cela m'a touchée, Monsieur, et que vous vous êtes acquis ma pieuse reconnaissance en produisant ces écrits pieux de mon frère. Tôt ou tard ils seront vus et couvriront les erreurs d'une première Notice. Réhabilitation que nous devons tous, parents et amis, à cette mémoire chrétienne. Heureux qui peut y contribuer, et je vous devrai ce bonheur. Je m'occupe de mon côté au recueil de ce que je sais par ici dispersé et qui doit servir à la publication complète. Hélas ! je n'ai rien de plus triste et de plus doux que de recueillir ces restes. Cette œuvre achevée, il ne me restera plus guère rien d'attachant à faire sur la terre. Tous mes soins sont tournés vers le ciel, cet autre monde où Dieu nous attend et toutes nos espérances. C'est bien consolant, bien soutenant dans cette pauvre vie, de croire à l'autre, d'y passer déjà par le cœur, de se dire : voilà le prix de mes souffrances, des épreuves de quelques jours. Ce sont aussi vos pensées dans votre Thébaïde, pieux solitaire, je l'ai vu avec consolation, et que vous portiez selon Dieu vos douleurs, votre grand veuvage. Autrefois, vos frères les ermites étaient ainsi dans l'affliction, hommes forts par la foi.

Adieu, Monsieur. Embrassez pour moi votre chère

petite Marie que j'aime sans la voir et sans la connaître, mais on aime ainsi les anges. Je vous prie de recevoir encore l'expression de mon âme pour vos touchants envois. Vos livres et les deux journaux seront conservés religieusement dans une famille, qui vous devait déjà beaucoup et qu'un lien sacré vous attache : la sainte mémoire de Maurice.

En lui et pour toujours, votre dévouée,

EUGÉNIE DE GUÉRIN,

VII,

2 juillet 1842.

C'est en attendant la lettre que vous m'aviez fait espérer de M. Quemper que j'ai tardé à vous répondre, bon et parfait ami de Maurice. Cette lettre n'arrive pas, et je ne remets pas davantage à vous remercier de votre empressement dévoué à l'occasion de ces chers manuscrits. J'y comptais, sur ce dévouement, et c'est pourquoi j'ai pris la liberté de le réclamer au besoin. Je l'ai fait avec la confiance d'un

sentiment partagé, comme frère et sœur, vous et moi
dans l'héritage de Maurice, et pour les soins de le
recueillir; mais le recueillerons-nous ? Je crains beaucoup que non, et que tout soit à jamais perdu. Quels
regrets et quel double deuil de Maurice pour moi,
qui me faisais je ne sais quel bonheur de le revoir
dans son intelligence, dans les œuvres de sa pensée
produites au jour ! Nous allions en jouir ; les copies
étaient faites, je les ai vues; on n'attendait pour
publier qu'une notice demandée par M. d'Aurevilly,
des anecdotes, des souvenirs d'enfance, des détails
sur notre famille, ce que j'ai envoyé en janvier, sans
avoir encore reçu de réponse. . . . .

. . . .
Tout sera entrepris avant de perdre et de laisser à
l'oubli ce qui nous reste de plus précieux de notre
Maurice, de la *chère et belle âme*, suivant votre
expression, mon doux poëte. Oh ! comme vous la
chantez cette âme, en vous, dans le souvenir et la
contemplation ! Que j'aime votre admiration et de
vous voir songer aux jours où Maurice écrivait à votre
foyer sur le cahier bleu ! Jours et cahier perdus, c'est
trop à regretter. Je ne puis me résoudre à tant de
sacrifices qu'en pensant que, de ce monde *où tout
meurt, où tout passe*, je m'en irai au ciel joindre

Maurice et tout ce que j'ai perdu ; *car où l'éternité
réside, on retrouve jusqu'au passé.* Heureuse espérance ! En attendant, voici une de mes douces joies
que je veux vous dire, une agréable et triste surprise : un album que j'ai ouvert par hasard dans un
manoir, et où j'ai trouvé la mort de Maurice. Combien j'ai été touchée de la trouver là, sur ces pages
secrètes, dans un journal de jeune fille, dans un
recueil tenu dans un fond de cœur, hommage inconnu
et bien délicat à la mémoire de Maurice. J'y ai lu
ces mots : *il était leur vie,* parlant de sa famille.
Tous ceux qui nous ont connus le diront. Il est de ces
existences, de ces natures de cœur qui fournissent
tant à d'autres qu'il semble que ces autres en vivent.
Ainsi nous était Maurice. De lui me coulait amitié,
sympathie, conseil, douceur de vivre, par son com-
merce si doux, aide intellectuelle, enfin l'alimentation
de mon âme. Ce grand ami perdu, il ne me faut
rien moins que Dieu pour le remplacer. Ou plutôt
Dieu était là, mais il s'avance dans la place vide.
Voilà ma vie brisée, mais appuyée, et puis les dou-
ceurs de la famille, les consolations domestiques, une
église pour prier, c'est assez de quoi bénir Dieu et
passer sereinement les jours qui restent. Vous me de-
mandiez des nouvelles de ma santé, mon bon solitaire ;

ce qui a fait que je vous ai parlé de l'âme, du baume, au lieu du vase qui ne vaut pas la peine qu'on en parle. Néanmoins, puisque vous y prenez intérêt, je vous dirai que ma petite santé va bien. Plus de toux, grâce au bon air des champs et au lait dont je m'abreuve. Puissiez-vous m'envoyer pareil bon bulletin de votre personne beaucoup trop souvent malade. La grippe, j'espère, aura déguerpi, et ne vous empêchera pas d'écrire un peu plus longuement que la dernière fois. Mandez-moi de vos nouvelles littéraires et autres, et surtout ne doutez jamais de l'intérêt que j'y prends. Il est trop de rapports entre vous et nous, entre le Val et le Cayla, pour ne pas vivre beaucoup les uns dans les autres. Ainsi vos publications seront vivement accueillies. J'attends donc incessamment le *Mal du Pays*. Adieu, poëte; que la poésie et Dieu vous consolent! Ce sont de puissants secours, Dieu surtout qui élève l'âme à lui et lui communique de sa vie. La poésie la répand en fleuves magnifiques. Coulez, coulez donc, poésie sainte, sur cette terre aride!

Je prends à mon cou les bras blancs de Marie et je baise bien tendrement ses joues roses. Chère enfant, dites-lui que loin, bien loin du Val, on aime bien la petite Marie; qu'on lui souhaite toutes les joies de l'enfance, et qu'elle en donne toujours à son père

— Si vous écrivez à M. Quemper, ou s'il est près de vous, veuillez me rappeler à son souvenir et le remercier des démarches qu'il a dû faire, sans doute, et quel qu'en soit le résultat.

Adieu encore sur tant d'écriture, mais voyez-y encore plus d'affectueux sentiments.

EUGÉNIE.

VIII.

20 octobre 1842.

Un voyageur qui s'en va devers vos contrées, vous portera ces souvenirs du Cayla, mon bon solitaire, ces amitiés et nouvelles de ma Thébaïde à la vôtre. Ainsi correspondaient autrefois par de rares occasions les cénobites aux déserts. Mais je n'imiterai pas celui qui gardait sans les ouvrir les lettres de ses amis : admirable privation trop au-dessus de mes forces. Prendre et lire, c'est tout un lorsque me vient une écriture aimée. Ainsi, Monsieur, de la vôtre qui seulement me coûte un peu à déchiffrer, malhabile que je suis aux choses un peu difficiles, et trop pressée de voir ce qui me fait plaisir. Que ces difficultés de lecture ne vous empêchent cependant pas de m'écrire, lorsque vos nombreuses occupations pourront vous le permettre. Dérobez aux muses quelques moments pour l'amitié, qui vous en tiendra grand compte. Et non-seulement moi, mais toute ma famille vous remercie de vos bons souvenirs, et me charge expressément de vous le témoigner. Je m'en acquitte d'abord en répondant à votre dernière lettre, parce que c'est toujours par le cœur que je commence. Mon bon père est tout pénétré de vos sentiments pour notre bien-aimé Maurice, et de votre culte à sa mémoire et à son talent. Ce talent fut bien beau, bien élevé. En recueillir et publier les œuvres est une œuvre sainte, un hommage au cher et grand poëte et à Dieu, père de l'intelligence. Bénis soient donc tous ceux qui s'associent à ce dessein; béni soyez-vous, ô vous plus qu'un autre, ami dévoué de Maurice! Grâce à ce dévouement, aux soins que vous voulez bien vous donner, j'espère encore à cette publication, ardent désir de mon cœur. Que nous reprenions ou non les copies, les autographes nous restent, non pas tous, il est vrai, ce qui est bien fâcheux, vu que nous n'aurons qu'une édition incomplète; mais n'importe, plutôt des fragments que rien

de ce beau trésor. . . . .
. . . .
. . . .
. . . .

Maintenant que faudra-t-il faire pour mes pauvres chères reliques ? Quoi qu'il en soit, je les sauverai de l'oubli ; nous les sauverons, comptant sur votre association pieuse. J'aurai une chose de grand prix à vous donner pour enrichir les œuvres de Maurice : un portrait de lui, un dessin de sa belle tête, dû au crayon d'un artiste ami qui l'avait fait pour lui, artiste, en secret, et qui me l'a révélé et donné quand il m'a sue à Paris. Quel trésor ! Maurice est là, assez ressemblant, dans une pose calme et pensante ; le front souffrant, les yeux fermés, l'air d'un lakiste. Ce dessin vous plaira, je suis sûre. Quant à moi, j'en suis heureuse. L'ombre même de ce qu'on a aimé est si douce ! Et tout cela néanmoins n'est pas lui, image, pensées de lui qui nous restent ! La réalité est ailleurs. Voilà qui élève l'âme par-delà ce pauvre et triste monde, d'une si profonde imperfection de bonheur, où ce qui le ferait meurt ou manque. Il y a en cela des vues divines que nous devons adorer, en contemplant pour consolation les félicités que la foi nous présente, en les saluant *de loin.*

Je suis charmée de l'entrée dans le monde de la
Famille des Ames, et surtout de la voir arriver au
Cayla. Je lui promets bon et doux accueil comme à
tout ce qui me viendra de Bretagne, ce noble pays
que j'aime. Vos dons littéraires seront pour moi ces
fruits merveilleux d'une île lointaine, qu'un prince
envoyait dans une boîte d'or à ses amis, et qui s'y
conservaient toujours. Je léguerai vos livres à mes
neveux, s'il m'en vient. Ceci me mène à mes joies de
famille, auxquelles vous voulez bien aussi prendre
part. Que vous dire, si ce n'est que nous vivons ici
dans l'union et l'amour des anges, dans la douce paix
des Valombreuses? Il ne nous manque qu'un petit enfant,
une jeune vie dans la nôtre, comme vous l'avez dans
Marie. Cette chère petite fille doit être le plus doux
charme de votre solitude. Mais je conçois qu'un peu
plus grande elle vous fasse encore plus de bonheur.
Alors elle pourra vous comprendre, s'unir à votre
âme, à vos sentiments, être [enfin] votre compagne intellectuelle. Un jour Marie sera ainsi pour son père, et
de ce jour votre isolement sera moins grand. Alors
vous direz moins amèrement qu'aujourd'hui : *malheur aux cœurs aimants!* Le vôtre a bien souffert et
souffre beaucoup, je vois, de l'état de choses qui
l'entoure. Mais que faire à cet état, que le supporter

en chrétien et en espérance en ce meilleur monde où
chacun sera à sa place. Que Dieu toujours et de tout
vous console ! Je le prie souvent pour vous, mon doux
poëte. Adieu. Que votre santé se soutienne meilleure.
J'embrasse bien tendrement Marie.

EUGÉNIE.

IX.

Me voilà bien en retard, mon bon solitaire, mais
pas en oubli. C'est impossible entre nous, vous savez
et je vous le redis encore. Des occupations, une absence
du Cayla, et puis l'attente sur ces chers manuscrits,
toutes ces raisons viennent m'excuser près de vous.
Certes, les amis sont chose assez rare pour ne les
pas négliger ; ce sont les consolateurs de la vie. Rien
n'est plus doux que les relations sympathiques et
sincères, et, sous ce rapport, vous devez juger combien les vôtres me plaisent. Je regrette souvent, et
ma famille avec moi, qu'il y ait si loin du Languedoc
en Bretagne. Nos déserts devraient se toucher comme
se touchent nos âmes. Mais est-il rien comme on

voudrait ici-bas ! Les distances séparent, les destinées désunissent ; véritable lieu d'exil de toute part, et vallée de larmes. Ce qui serait désolablement triste, si le ciel ne couvrait la terre. Oh ! les beaux mystères qui sont voilés là et qui nous attendent pour notre bonheur ! Quand je lève les yeux en haut, je ne sais quelle joie m'en vient ; mais c'est bien joie et vie surnaturelle qui me fait oublier l'autre ou du moins la supporter sans peine. Qu'est-ce que souffrir un peu de temps en vue d'une éternelle félicité ; qu'est-ce qu'une goutte amère pour un océan de délices ? Et ceci, ce n'est pas comme les trompeurs espoirs des hommes. C'est une promesse divine. Oh ! le bon ami que Dieu ! Les bons amis lui ressemblent et découlent un peu de lui, comme en découlent tous les biens.

. . . .

. . . .

. . . .

Voilà pourquoi je ne vous ai pas répondu plus tôt ni demandé si vous avez été longtemps garde-malade. J'espère être bientôt garde-*berceau*, ce qui est bien plus agréable. Ma douce belle-sœur m'annonce ce bonheur. Hélas ! je me l'étais promis beaucoup plus tôt d'un autre mariage qui promettait tant aussi pour mon cœur, et qui ne lui a laissé que des larmes.

Depuis ce temps, le monde, la vie sont changés pour moi, et quoi que ce soit qui me vienne d'heureux me porte cette empreinte triste. Ma famille est toujours un foyer d'affections, mais son vif aliment lui manque pour moi. Vous me comprenez, vous qui avez perdu, vous qui êtes en deuil. Je ne parle cependant de cela qu'à Dieu et à vous qui avez connu intimement Maurice. Mon doux poëte, chantez-moi cette mort avec votre voix pieuse. Où en sont vos publications? Je leur adresse bien des vœux de succès, et en même temps d'arriver au Cayla. Si vous m'envoyez quelque chose de Paris, vous pourriez le faire remettre chez M. Raynaud, rue de l'Arcade, 27, qui a souvent des occasions pour nos contrées.

Adieu. Mes tendresses toujours à la petite Marie, l'ange de votre solitude. Recevez pour vous l'expression ancienne et toujours nouvelle de mon amitié.

EUGÉNIE.

J'ai quitté depuis quelques semaines ma chère solitude; mais je puis vous assurer des sentiments affectueux de ses habitants pour vous.

Gaillac, 27 janvier 1843.

X.

15 juin 1845.

Vous êtes tout excusé auprès de moi, mon doux poëte, sur votre retard à m'écrire. Outre que vos raisons sont parfaitement bonnes, je n'accuse jamais votre silence, et quelque long qu'il soit, la pensée ne me vient pas que vous puissiez m'oublier. Nous sommes trop saintement et trop profondément liés pour cela, ce me semble. Les choses qui tiennent à l'âme ne peuvent pas finir. Soyez donc, mon cher poëte, en repos à cet égard pour les suites de votre silence. Moi-même, n'ai-je pas un peu de tort cette fois ? Mais vous me disiez que votre santé n'était pas bonne, que vos correspondances se multiplient et que vos forces diminuent. Voilà qui me rend timide pour vous écrire, de crainte de vous fatiguer. Que ne puis-je voir mes pensées s'en aller vers vous, comme ces petits vols d'oiseaux qui passent d'un ciel à l'autre ? Vous n'auriez qu'à lever les yeux, tandis que peut-être toute application vous fatigue. Je serais heureuse d'être rassurée sur votre santé. Je suis sûre que votre isolement vous fait mal, et je regrette beaucoup que votre charmante Marie ne soit pas à demeure auprès de vous. Ce serait une douce diversion à votre vie d'étude et de solitude. Mais je comprends aussi combien cette enfant doit être chère à sa grand'mère, et que, pour ce motif, vous laissiez souvent votre ange auprès d'elle. Les soins de son éducation peuvent entrer pour beaucoup dans ce sacrifice de séparation que le ciel bénira sans doute, car il bénit tous ceux que fait un cœur de père. J'ai la confiance des joies que vous aurez dans votre chère Marie. Son avenir m'intéresse infiniment. Je me suis toujours sentie touchée pour cette enfant d'une douce affection que m'avait transmise Maurice. Eh bien, où en sommes-nous de ces bénis manuscrits ? Ne me dites-vous pas que M. Quemper a mis la main dessus, et qu'il est convenu de s'entendre avec M. d'Aurevilly ? Mille fois merci, mon excellent ami, de cette bonne nouvelle ! Enfin, nous pourrons les ravoir ces chers papiers ! Cependant M. Quemper ne m'a pas écrit, ainsi que vous me le faisiez espérer. Qui sait ce qui sera survenu ? Il y a encore bien des chances. . . . .

. . . .

Encore un deuil pour vous, une perte que j'ai bien sentie ! Je veux parler de la mort de votre pauvre frère. Hélas ! qu'est-ce que la vie? qu'une continuelle séparation, mais au rendez-vous du ciel : c'est là qu'il n'y aura ni deuil ni larmes, c'est là que la société des saints nous consolera de ce que nous avons souffert dans la société des hommes. Vous trouvez qu'elle va bien mal. Que voulez-vous ? Peut-être le mieux se fera. En attendant, y a-t-il autre chose à faire que de s'humilier, comme dit l'Apôtre, *sous la puissante main de Dieu, afin qu'il nous élève quand le temps sera venu, jetant dans son sein toutes nos inquiétudes, parce qu'il a soin de nous.*

Adieu. Je le prie aussi d'avoir soin de vous.

EUGÉNIE.

En attendant l'arrivée de vos ouvrages, j'envoie, pour leur faire appel, le *Frère de sainte Thérèse,* mélancolique inspiration venue il y a quatre ans sur une tombe.

FIN.